BIBLIOTHÈQUE SPECIALE DE LA JEUNESSE

APPROUVÉE

Par MM. SS. les Archevêques de Paris et de Rouen.

ARCHEVÊCHÉ DE PARIS.

Dᴇɴɪs-Aᴜɢᴜsᴛᴇ **AFFRE**, par la miséricorde divine et la grâce du Saint-Siége apostolique, Archevêque de Paris.

M. Lehuby, éditeur, ayant soumis à notre approbation un volume intitulé : *Aménophis, prince égyptien*, par M. de Chantal, nous l'avons fait examiner, et sur le compte qui nous en a été rendu, nous avons cru que ce livre, rédigé dans un but moral, pouvait offrir aux jeunes lecteurs auxquels il est destiné une lecture intéressante et sans danger.

Donné à Paris sous le seing de notre vicaire général, le sceau de nos armes et le contre-seing de notre secrétaire, le 12 mai 1847.

JAQUEMET,
Vicaire général.

Par mandement de Monseigneur l'Archevêque de Paris,

P. CRUICE,
Chan. hon., secrétaire de la commission.

AMÉNOPHIS

PRINCE ÉGYPTIEN DE LA RACE DES PHARAONS,

OU

MOEURS, USAGES, COUTUMES ET CÉRÉMONIES RELIGIEUSES

DE L'ANCIENNE ÉGYPTE;

PAR

J. B. J. DE CHANTAL.

PARIS,

A LA LIBRAIRIE DE L'ENFANCE ET DE LA JEUNESSE.

P.-C. LEHUBY,

Rue de Seine, 55, faubourg Saint-Germain.

1847

CORBEIL. — IMPRIMERIE DE CRÉTÉ.

TABLE DES MATIÈRES.

AVANT-PROPOS.

Je me félicite de pouvoir offrir à la jeunesse un des meilleurs livres d'éducation que nous ait laissés le siècle dernier. A part le style, le livre de l'abbé Terrasson est peut-être supérieur au *Télémaque* de Fénelon, sous le rapport de l'instruction morale. On y voit, outre le tableau des coutumes et usages de l'antique Egypte, un jeune prince qui, dirigé par un sage gouverneur, se forme successivement aux vertus les plus sublimes. Animé d'un véritable héroïsme, Aménophis emploie le temps d'un long exil à policer des populations barbares dont il devient le législateur.

La vie du vertueux fils des Pharaons est une suite de belles et nobles actions qui sembleraient inspirées par le christianisme. Dans ses courses lointaines, il sauve par son courage une puissante république d'un formidable ennemi qui la menaçait, et il n'exige d'elle, pour sa récompense, que le salut du peuple vaincu. Rentré enfin dans Memphis, sa patrie, il se rend le bienfaiteur de ceux qu'il avait sujet de regarder comme ses ennemis ou ses rivaux, et il se réjouit des circonstances qui engagent son honneur à lui sacrifier ses propres intérêts, et qui lui font un devoir de la félicité qu'il leur procure si généreusement.

Enfin, comme disait le Censeur royal chargé d'examiner ce livre, et qui lui donna la plus honorable approbatiou, cet ouvrage contient d'excellentes leçons de la morale la plus pure ; il est rempli d'une érudition solide et fort étendue, et ne peut qu'être également instructif et curieux.

Tout en conservant le plan de l'ouvrage, j'ai dû l'abréger beaucoup, afin de le mettre plus à la portée des jeunes lecteurs. J'ai supprimé des longueurs, des détails scientifiques qui laissaient à l'intérèt le temps de se refroidir. Mais j'ai conservé avec soin une foule de caractères très bien peints, tous les traits de morale, les réflexions toujours pleines de sagesse, et d'admirables discours quelquefois sublimes ; par exemple, l'éloge funèbre de la reine Nephté, cité comme un beau modèle d'éloquence dans toutes les *Leçons de littérature.*

Au lieu de la division par livres, j'ai cru devoir adopter celle par chapitres qui m'a semblé plus propre à reposer l'attention. J'ai changé aussi quelques noms, et me suis appliqué à rendre l'action plus vive, tantôt en y introduisant la forme du dialogue, tantôt en resserrant des détails trop développés pour un livre d'éducation. Tel qu'il est maintenant, mon expérience me dit que le travail de Terrasson aura le double mérite d'intéresser et d'être utile. Je le livre donc avec une entière confiance au public qui, je l'espère, lui donnera aussi son approbation.

DE CHANTAL.

AMÉNOPHIS.

CHAPITRE PREMIER.

La reine Nephté ; ses vertus, son gouvernement, sa mort.—Détails
sur les funérailles des anciens rois d'Égypte.

Osoroth régnait sur l'Égypte. Un peu avant de monter sur le trône, il avait épousé la princesse Nephté, fille du roi de This, dont les États étaient situés entre Memphis et Thèbes, à l'occident du fleuve du Nil. Il eut de cette princesse trois enfants, dont l'aîné se nommait Aménophis. La naissance de ce premier-né avait comblé de joie tout le royaume, par l'amour que les peuples avaient pour le roi et surtout pour la reine, qui, bien que dans une grande jeunesse gouvernait l'État avec une sagesse et une bonté dignes d'admiration ; car Osoroth, qui n'était parvenu à la couronne qu'à l'âge de cinquante ans, et qui avait toujours vécu étranger aux affaires, avait cru devoir confier à la reine les soins du gouvernement.

Nephté, dès les premiers jours de son administration, avait fait espérer à ses peuples un règne vraiment paternel. Elle s'attacha à diminuer les charges publiques, et à trouver le moyen de rendre la perception des impôts plus aisée sans amoindrir les revenus de la couronne. Elle élevait en même temps son fils Aménophis avec toute l'affection d'une mère et toute la prévoyance d'une reine. Son plus grand désir était de lui voir atteindre l'âge où elle pourrait lui confier à son tour le gouvernement qu'elle ne considérait que comme un dépôt entre ses mains. Elle avait, pour la seconder dans la conduite des affaires, un homme vertueux et de grande expérience, nommé Amédès, qui, sous le règne précédent, avait rendu de grands services à l'État, soit dans la guerre, soit dans les négociations, soit dans l'intérieur du royaume. Cet homme de bien avait lui-même prié la reine de ne point faire connaître au public l'honneur qu'elle lui faisait, de peur d'éveiller la jalousie des grands et de donner lieu aux murmures du peuple.

Ainsi la reine, gardant Amédès pour son conseil intime et sous un titre peu éclatant, choisissait d'ailleurs avec soin les meilleurs sujets que leur naissance et leur mérite semblaient présenter pour chacune des places qu'il fallait remplir. Par ce moyen, l'autorité royale savait distinguer les bons serviteurs; et les mécontents, ne se sentant pas soutenus par la voix publique, se trouvaient réduits à garder le silence.

Pendant que la reine se donnait tout entière aux affaires de l'Etat, le roi, élevé dans une insouciante mollesse, se livrait à tous les amusements d'une cour brillante, ne s'occupant ni de ses peuples, ni de son épouse, ni de son fils. Aménophis n'avait encore que huit ans, et cette extrême jeunesse était l'objet des inquiétudes de Nephté; elle voyait avec douleur que si jamais elle venait à manquer à ce cher fils, avant que son père l'eût affermi dans la succession de sa couronne, il serait infailliblement victime des intrigues et des complots des ambitieux. Les aînés étaient, en Egypte, les héritiers naturels du trône; mais le choix du père était d'une grande importance; et l'histoire fournissait plus d'un exemple de la préférence d'un second ou même d'un troisième fils au détriment de l'aîné. Il en était résulté bien des guerres sanglantes, dont les peuples avaient eu à gémir.

Aussi, bien que la reine n'eût alors aucun symptôme de maladie, la pensée d'un avenir inconnu la jetait dans l'inquiétude. C'est pourquoi recommandant son fils à toutes les divinités de l'Egypte, elle s'appliqua encore plus fortement à remplir ses devoirs religieux, afin d'engager le ciel à seconder des vœux aussi légitimes que les siens.

Cependant les travaux continuels de la reine, travaux qui excédaient ses forces, peut-être même aussi la trop grande crainte de tomber malade, lui causèrent bientôt après une indisposition qui fut légère d'abord, mais qui, dissimulée et négligée par elle, ne tarda pas à prendre un caractère sérieux. Ses craintes au sujet des périls qui menaçaient son fils la jetèrent alors dans une affreuse désolation. Mais à la fin de sages conseils la rappelèrent à la résignation.

— « Eh bien ! dit-elle aux femmes pieuses qui cherchaient à la calmer, j'accepte et je suivrai vos conseils ; je me soumets absolument à la volonté des dieux. Avertissez-moi, seulement, quand j'approcherai de ma dernière heure, afin que je puisse prendre les mesures capables d'assurer à mon fils un règne paisible. »

Sur la promesse que ses femmes lui firent de remplir sa volonté, Nephté fit, dès ce moment, un puissant effort sur elle-même, pour paraître calme à tous les yeux ; mais l'inquiétude régnait toujours au fond de son âme. Toutefois, d'après l'ordre même du roi, les plus grands médecins du royaume, qui, en Egypte, faisaient partie du collége des prêtres, s'étaient réunis dans le palais, pour prodiguer tous les secours de leur art à une princesse dont l'existence était si précieuse au salut de la patrie. D'un autre côté, jour et nuit, les temples étaient ouverts à l'affluence des peuples qui venaient demander aux dieux le rétablissement de la reine. Des hymnes pieux étaient chantés en l'honneur des trois grandes divinités de l'Egypte, Osiris, Isis et Horus. Mais que peuvent les vœux des mortels contre les décrets des dieux? Malgré les secours des médecins, la reine s'éteignait de jour en jour. Jugeant elle-même qu'elle ne pouvait échapper à la mort, elle chargea plusieurs de ses officiers d'aller consulter pour son fils le plus ancien oracle du monde, celui de Latone, nourrice d'Horus, qui se trouvait dans le voisinage de Memphis. Puis elle attendit leur retour avec une secrète impatience.

Enfin les envoyés arrivèrent, et ayant pris avec eux le jeune prince Aménophis et le fidèle Amédès qu'ils trouvèrent auprès de lui, ils entrèrent chez la reine. Alors le chef de la députation lui rendit compte de l'oracle.

— Vertueuse épouse, généreuse mère, sage reine, dit-il, les dieux, à la fois contraires et favorables, vous envoient cette réponse : « Consolez-vous de la mort à laquelle vous êtes déjà préparée. Elle n'est un malheur que lorsqu'elle termine une vie criminelle, et qu'elle laisse sur la mémoire des morts la haine et les malédictions des survivants. Les dieux vous attendent pour vous donner la récompense méritée par vos bonnes actions. Vous vivrez dans le cœur de vos peuples, auxquels votre fils rendra un jour la félicité que votre perte va interrompre. Il ne sera pourtant pas heureux lui-même, selon l'idée que les âmes vulgaires se forment de la prospérité des princes. Mais les dieux lui promettent tout ce que la vertu héroïque a de plus satisfaisant par elle-même, et tout ce que la gloire qui la suit a de plus flatteur. Il aura l'avantage d'être le bienfaiteur des nations et le conservateur de l'Egypte, et celui plus grand encore de se vaincre lui-même. Mais que ceux qui m'entendent gardent un secret inviolable, sur ce qui concerne le prince et laissent passer le nuage qui couvrira sa première jeunesse. »

Quand le prêtre eut cessé de parler, Nephté réu-

nissant toutes ses forces, embrassa le jeune Aménophis, et lui dit :

— Mon fils, je meurs contente; les dieux ne vous
privent de mon secours que pour donner plus de
mérite et d'éclat aux actions qu'ils vous feront faire.
Soyez fidèle à la destinée qu'ils vous préparent, et
remplissez tous leurs desseins.

Puis elle congédia les prêtres, en les priant de
nouveau de continuer leurs vœux pour son fils.

— Je vais faire porter sur vos pas au temple les
présents que je destine aux dieux, ajouta-t-elle,
pourvu qu'ils daignent accepter ces faibles marques
de ma reconnaissance.

Ces présents étaient tous les ornements d'une
chapelle domestique qu'elle s'était fait construire auprès de son appartement. Elle les avait apportés de
This, lieu de sa naissance. Il y avait parmi ces ornements des statues d'or, quelques-unes d'une cou-
dée de haut, qui représentaient les divinités adorées
dans toute l'Égypte, et surtout Apollon, qui recevait
un culte particulier à This et à Abydos qui en dépendait. Quand la reine eut envoyé ses offrandes aux
dieux, elle se tourna vers Amédès, et lui parla ainsi :

— « Sage et fidèle conseiller, le royaume ne saurait
se flatter de vous avoir pour soutien dans le ministère

qui gouvernera après ma mort ; donnez-vous à mon
fils, et soyez son gouverneur et son guide. Les dieux
me font espérer que les vertus qu'ils lui promettent
seront le fruit de vos leçons et de vos exemples. »

Aussitôt Amédès, embrassant respectueusement
le jeune Aménophis, promit solennellement de lui
consacrer ce qui lui restait de force et de vie. Puis la
reine distribua ses pierreries à toutes ses femmes,
à proportion de leur naissance et de leur rang. La
sérénité qui régnait sur son visage avait changé
leur douleur en de douces larmes. Enfin, revenant
au jeune Aménophis :

— « Pour vous, mon fils, lui dit-elle, voici ce que
je vous ai réservé. Cette cassette contient en pierreries
des richesses inestimables, qui peuvent vous soutenir en quelque état que la fortune vous réduise.
Amédès vous les gardera, ou s'en servira comme votre tuteur. Mais, ne vous défaites jamais de cette émeraude montée en cœur que je vous ai fait porter au
cou jusqu'à présent, et dont vous ferez faire une bague
quand vous quitterez les habits de l'enfance. Il y a
quatre ans que le roi votre père nous fit représenter
tous trois en relief sur la même pierre : lui en Osiris,
moi en Isis et vous en Horus, placé entre lui et moi.
L'habile graveur coupa ensuite cette pierre en trois

fragments, suivant la grandeur des figures. Vous portez l'un, voici l'autre qui est ma bague que j'ôte en ce moment de mon doigt et que je mets dans votre cassette. Ces deux fragments, tirés de leur monture, se rapporteront très-bien à celui que votre père porte lui-même à son doigt. Allez, mon fils, que les dieux vous protégent et me reçoivent dans leur séjour !»

Aménophis, pénétré des sentiments dont son âge était susceptible, promit en pleurant de se conformer en tout aux volontés de sa mère et de tâcher de l'imiter. La reine lui serra affectueusement la main et fit signe qu'on l'emmenât. Une heure après, elle avait cessé de vivre.

La désolation fut grande à Memphis et dans toutes les provinces du royaume, à mesure que cette fatale nouvelle y parvenait. Les Egyptiens, dans ces temps reculés, étaient fort attachés à leurs souverains, et le deuil de la maison royale était ordinairement pour chaque famille un deuil domestique. Mais la perte de l'excellente reine Nephté, perte dont chacun redoutait pour soi-même les conséquences, répandait partout une douleur et un trouble qu'il serait impossible de décrire. Vainement les prêtres, pour calmer ces transports, faisaient entendre que la reine était morte en paix avec le ciel, et que les oracles l'avaient rassurée auparavant sur la destinée de son fils, et sur celle de ses peuples. Vainement ils alléguaient l'état de repos et de bonheur où l'on pouvait si légitimement espérer que les dieux l'admettraient. Toute la nation était inconsolable.

Cependant on s'occupait activement des préparatifs de la pompe funèbre. On sait que les rois d'Egypte avaient de magnifiques tombeaux; on sait aussi que cette grande nation possédait l'art merveilleux d'embaumer les corps de manière à les faire durer encore plus longtemps que les tombeaux mêmes.

On commença à procéder à l'embaumement du corps de la reine. Ceux qui furent chargés de ce soin étaient des officiers du second ordre, très-respectés dans l'Egypte, à cause de la communication qu'ils avaient des secrets du sacerdoce, quoiqu'ils ne fussent que serviteurs des prêtres. Cette opération de l'embaumement durait trente jours. Ayant extrait du corps par une ouverture pratiquée sur le côté, tous les viscères, excepté le cœur et les reins, ils l'oignaient en dehors et en dedans avec de la gomme de cèdre, de la myrrhe, du cinnamome, et d'autres parfums, qui non-seulement devaient le conserver pendant plusieurs siècles, mais encore lui faisaient répandre une odeur très-suave. Ils avaient enfin le secret de lui rendre sa première forme, de manière que le mort semblait avoir gardé l'air de son visage, et le port de sa personne; ses cheveux, ses sourcils et ses paupières étaient démêlés; et ce qu'il y a de plus surprenant, ils savaient redonner au corps une apparence d'embonpoint, et les couleurs les plus fraîches et les plus naturelles qu'il eût eues durant sa vie.

Lorsque les rois n'avaient pas eux-mêmes désigné leurs sépultures, on les portait au Labyrinthe situé au midi du lac Mœris du côté de la Lybie. Cet édifice, qui surpassait en magnificence tous les ouvrages de la Grèce réunis ensemble, au témoignage des Grecs mêmes, était beaucoup plus ancien que Sésostris, et remontait à l'époque où l'Egypte n'était encore divisée qu'en douze nomes ou provinces. Les rois des quatre dynasties avaient tous également contribué à la construction de cet ouvrage mémorable. La partie supérieure était dédiée au soleil, et la partie souterraine aux dieux infernaux. Les douze palais immenses que renfermait le Labyrinthe représentaient toute l'Egypte. Les rois avaient marqué dans les souterrains non-seulement leurs sépultures, mais encore celles de leurs successeurs. C'était un point de la religion Egyptienne de croire que les détours innombrables, dont ces souterrains étaient sillonnés, conduisaient les bons rois dans un séjour délicieux; au lieu que l'entrée même du Labyrinthe était interdite aux mauvais rois.

En effet, dès que le corps était arrivé aux bords d'un lac qu'il fallait traverser pour parvenir à la porte des dieux infernaux, un sénat incorruptible composé de seize prêtres du Labyrinthe sans compter leurs chefs, et de deux juges choisis dans chacun des douze nomes anciens, arrêtait le mort. Là, après avoir écouté le discours du chef des prêtres qui conduisait le défunt, le chef du sénat permettait à tous les assistants de faire contre le mort des accusations prouvées. La sentence le faisait admettre dans la barque par le nautonier qu'ils appelaient Caron dans leur langue, ou bien on le privait de sépulture. Ce jugement se faisait à la pluralité des voix, c'est-à-dire par des billets que les juges laissaient tomber dans cette urne terrible dont la seule idée maintenait les anciens rois dans l'observation de la justice.

Les particuliers, à leur mort, devaient aussi subir un pareil examen devant des juges qui étaient toujours des hommes de la plus grande réputation de probité, choisis le plus souvent par les citoyens les plus distingués d'une ville.

Mais à l'égard des rois qui étaient portés au Labyrinthe, toute l'Égypte, suivant la distribution des
douze anciens nomes, participait au choix des juges.
Ce n'était d'ailleurs qu'au Labyrinthe qu'on faisait ce
grand nombre d'autres cérémonies, qui ont fourni
aux plus célèbres poëtes de l'antiquité l'idée princi-
pale de leurs descriptions de l'enfer du paganisme.

CHAPITRE II.

Obsèques de la bonne reine Nephté.—Son éloge funèbre prononcé
par le grand-prêtre de Memphis. — Son admission dans
le séjour des âmes vertueuses. — Fêtes et
réjouissances à cette occasion.

E quarantième jour depuis la mort de l'excellente reine Nephté étant arrivé, tout le monde se trouva prêt pour le départ du convoi funèbre. Les quarante lieues qui séparaient Memphis du Labyrinthe se devaient faire dans une marche de dix jours et dix nuits en comptant les haltes qui étaient toutes réglées. On avait placé sous le vestibule du palais, fermé à la lumière du jour et seulement éclairé par des lampes, un grand char à quatre roues tout revêtu d'or ; sur le derrière du char était un trône à trois marches, surmonté d'une grande couronne d'or chargée de pierreries et portée par un sphinx, également d'or, dont les ailes étaient déployées. Du haut de la couronne descendait à

grands plis entre les ailes du sphinx une étoffe de
pourpre en forme de pavillon, couverte d'hiéroglyphes relevés en or, qui représentaient toutes les
vertus. Les deux bouts de cette pièce d'étoffe venaient
se croiser sur le devant du char qui avait deux timons
où étaient attelés quatre chevaux de front, précédés
de trois autres rangs de volée, ce qui faisait en tout
seize chevaux, tous superbement harnachés comme
en un jour de fête triomphale.

Mais rien n'égalait la richesse et l'élégance du
costume de la reine. On la plaça sur son trône, assise, et attachée avec tant d'art, à l'aide de cordons
cachés, qu'il n'était point de secousse qui pût lui im-
primer aucun mouvement fâcheux. De plus, toute
la machine était suspendue entre des brancards, de
manière à ne pouvoir jamais perdre l'équilibre.
D'ailleurs les chemins, déjà très-beaux en Égypte,
avaient été préparés exprès pour ce voyage.

Nephté, dont le visage était découvert, avait les
yeux fermés et semblait jouir d'un doux sommeil au
milieu du bruit du convoi qui se mettait en marche
aux sons redoublés des trompettes et des timbales.
Il y eut alors un renouvellement de douleur dans le
cœur de toutes les personnes qui avaient aimé la
reine, et qui ne l'avaient pas revue depuis sa mala-

die : on la voyait, on lui parlait même, et elle n'était
plus. Ceux qui lui avaient été le plus attachés évi-
taient d'abord d'arrêter leur regard sur son visage
pour demeurer un peu plus maîtres de leur affliction ;
mais bientôt, dominés par leur curiosité et par leur
affection, ils jetaient les yeux sur elle, et retrouvant
tous ses traits et toutes ses grâces, ils se détournaient
aussitôt pour fondre en larmes.

Cependant la maison de la reine, composée de six
mille chevaux, avait déjà pris les devants, comme
laissant désormais aux prêtres la garde de la défunte.
Les officiers marchaient quatre par quatre, leurs
armes renversées en signe de deuil. Tous les instruments de musique jouaient des symphonies lugubres
mêlées d'intervalles de silence exactement mesurés,
qui portaient une sorte de frémissement jusqu'au
fond de l'âme. Tous les corps de la ville de Memphis,
distingués par leurs divers costumes, et portant un
crêpe noir, suivaient, à cheval comme les premiers ;
et dans ce nombre de gens qui s'élevait déjà à douze
mille, il ne se disait pas, durant toute la marche, une
seule parole. Les grands officiers de la cour, et après
eux les princes, à l'exception du roi et de l'héritier
présomptif de la couronne, qui n'allaient jamais, du
moins publiquement, aux cérémonies funèbres, figu-

raient, également quatre par quatre, enveloppés de robes violettes, assis dans des espèces de niches ten—dues de noir posées sur des brancards. Chacun d'eux était porté sur les épaules de huit esclaves, et foulait à ses pieds les insignes de ses dignités.

Ces trois nombreuses troupes s'étaient mises en marche pendant le jour. A l'entrée de la nuit, on vit paraître les femmes qni formaient la partie la plus lugubre du convoi. Elles montèrent dans soixante chars attelés chacun de huit chevaux marchant deux à deux. Les chevaux et les chars étaient presque en—sevelis sous des étoffes de soie noire semées de larmes d'argent. On eût pris toutes ces femmes voilées pour des ombres; et la première dame de la reine, assise dans le char qui marchait le dernier, tenait entre ses genoux un enfant qui, habillé et voilé comme elle, n'é—tait connu de personne. Mais les gens clair-voyants soupçonnaient avec raison que cet enfant était Améno—phis, que son gouverneur Amédès n'avait pas voulu laisser dans le palais en l'absence de tous les serviteurs de sa mère, croyant d'ailleurs utile de le faire assister de bonne heure au spectacle du jugement des morts, pour qu'il en rapportât de salutaires impressions.

Mais, par un contraste frappant, ces femmes, dont on entendait les sanglots, et qu'on voyait sans cesse essuyer leurs larmes sous leurs voiles, étaient immédiatement suivies de tous les instruments de musique employés en Égypte dans les grandes réjouissances, tels que les sistres, les chalumeaux, et les hautbois, auxquels répondaient par intervalles marqués, les trompettes et les timbales qui annonçaient le char de la reine.

Tous ceux qui faisaient partie de cette musique, même les conducteurs du char, et les douze esclaves qui marchaient à droite et à gauche, portaient des habits de fête, comme pour faire sentir vivement aux spectateurs, par ce contraste de joie et de tristesse, la fausseté et la brièveté des joies humaines. La reine elle-même avait une sorte d'écharpe de fleurs qui, passant sur son épaule gauche, venait se placer sous son bras droit; et elle tenait, en ses mains, des festons qui descendaient jusqu'à ses pieds. Par ces signes extérieurs, les Égyptiens voulaient apprendre que si la mort des personnes vertueuses est triste pour ceux qui leur survivent, elle est aussi pour elles lecommencement du repos et de la félicité.

Le char de la reine était suivi par les prêtres. Celui qui devait la présenter à ses juges, le grand-prêtre de Memphis, était porté immédiatement derrière elle, étendu dans un cercueil découvert, dans l'attitude d'un mort, ayant des vêtements blancs avec un voile blanc sur la tête et sur le visage. Tous les autres prêtres, vêtus de même et pareillement voilés, marchaient à pied sur deux files simples de cinq cents prêtres chacune. Entre les deux files, on portait de distance en distance des étendards représentant les dieux ou des figures symboliques des divinités de l'Égypte. Car toutes les villes d'Égypte étaient représentées par leurs prêtres aux funérailles des rois, lors même qu'elles étaient en guerre entre elles.

Enfin, la pompe funèbre était terminée par un grand nombre de chariots de bagages servant à contenir la foule qui se pressait autour du convoi de la reine. On traversait fréquemment des villes grandes ou petites qui se trouvaient sur le passage. Leur nombre sur cette route comme sur toutes les autres était tel, qu'au rapport de toute l'antiquité, il semblait qu'il y eût dans l'Égypte seule plus de villes que sur tout le reste de la terre. Les stations étaient réglées de manière que chacun pût se reposer commodément, et reprendre sans difficulté son rang, au moment du départ. Le char de la reine s'arrêtait sous une tente qui l'attendait sur le chemin même de la station; il était alors confié à la garde d'autres prêtres que ceux du convoi.

Ce char, qui était le centre de la cérémonie, ne marchait jamais que la nuit, et seulement trois heures de suite ; quand il avait fait deux lieues, il faisait une halte de quatre heures, puis se remettait en marche jusqu'au jour ; et ensuite, ne reprenait sa marche que le soir.

A l'arrivée au terme du voyage, tous les gens du cortége se répandirent avec le plus grand ordre dans la campagne, pour laisser au peuple la liberté de voir de plus près le convoi de la reine. Cependant, le char funèbre allait arriver sur le bord du lac Mœris. A l'approche du tribunal redoutable composé de juges qu'on révérait presque à l'égal des dieux mêmes, le grand-prêtre qui allait parler en faveur de la reine, ainsi que les personnes qui conservaient pour la mémoire de cette princesse une affection véritable, ne purent se défendre d'un mouvement d'effroi. Car il est quelquefois à craindre que les causes qui semblent bonnes, au jugement des hommes, ne soient réellement mauvaises devant la justice des dieux.

Les juges étaient assis sur une estrade large et profonde, élevée de douze marches, autour de laquelle leurs siéges, au nombre de quarante-un, formaient un large demi-cercle. Comme juges, ils étaient vêtus de robes rouges, sous lesquelles ils avaient de blanches tuniques, annonçant qu'ils faisaient partie du collége sacerdotal. Ils portaient au cou une chaîne d'or ornée d'un saphir, sur lequel était gravée l'image de la vérité. Le grand-prêtre, chef du sénat, était assis au fond sur un siége un peu plus élevé que celui des autres ; et il avait à ses côtés les deux juges désignés par le nome de Memphis : Amédès était le premier de ces deux juges. Non loin d'eux, étaient les seize prêtres du Labyrinthe, puis les vingt-deux initiés choisis par les autres nomes. Une urne était placée sur le devant du tribunal, au bord de la plus haute marche ; et les officiers du second ordre, en costume convenable aux fonctions qu'ils devaient remplir après le jugement, étaient assis sur le second gradin.

Tout étant ainsi disposé, on détela les chevaux du char de la reine, et le grand-prêtre de Memphis, conducteur du convoi, monta sur le marche-pied du char, et se tenant debout, la tête découverte, il parla en ces termes :

« Inexorables divinités des enfers, voilà nôtre reine que vous avez rappelée à vous dans le printemps de son âge, et au moment où ses peuples avaient le plus grand besoin d'elle. Nous venons vous prier de lui accorder le repos dont sa perte va peut-être nous priver nous-mêmes. Elle a été fidèle à tous ses devoirs envers les dieux. Elle ne s'est point dispensée des pratiques extérieures de la religion, sous le prétexte des occupations de la royauté, et les seules pratiques extérieures ne lui ont pas tenu lieu de vertus. On reconnaissait au travers des soins qui l'occupaient dans ses conseils, au milieu même de la douce gaieté à laquelle elle se prêtait quelquefois dans sa cour, que la loi divine était toujours présente à son esprit et régnait sans cesse dans son cœur. Les fêtes qui l'amenaient dans nos temples étaient pour elle les plus agréables et les plus douces. Elle ne se laissait point aller comme bien des rois, aux injustices, dans l'espoir de les racheter par des offrandes. Sa magnificence à l'égard des dieux était le fruit de sa piété, et non le tribut de ses remords. Elle n'a jamais voulu tirer de la religion que des maximes de paix et de douceur; et elle n'a fait usage de la sévérité que suivant l'ordre de la justice générale et par rapport au bien de l'État.

« Elle a pratiqué toutes les vertus des bons rois avec une défiance modeste qui la laissait à peine jouir du bonheur qu'elle procurait à ses peuples. La défense glorieuse des frontières, la paix affermie au dedans et au dehors du royaume, les embellissements et les établissements de différentes espèces ne sont ordinairement de la part des autres princes que des effets d'une sagesse toute politique, que les dieux, juges du fond des cœurs, ne croient pas toujours devoir récompenser : mais, de la part de notre reine, toutes ces choses ont été des actes de vertu, parce qu'elles n'ont eu pour principe que l'amour de ses devoirs et la vue du bonheur public. Bien loin de regarder la souveraine puissance comme un moyen de satisfaire ses passions, elle a toujours été convaincue que la tranquillité de l'État dépendait de la tranquillité de son âme, et qu'il n'y a que les esprits doux et patients qui sachent se rendre véritablement maîtres des hommes. Elle a tenu éloignée de sa pensée toute velléité de vengeance, et s'est plu à pardonner comme les dieux, avec un plein pouvoir de punir. Elle a réprimé les esprits rebelles, moins parce qu'ils résistaient à ses volontés que parce qu'ils faisaient obstacle au bien qu'elle voulait faire. Elle a soumis ses pensées aux conseils des sages, et tous les ordres du royaume à l'équité de ses décrets. Elle a désarmé les ennemis du dehors par son courage et par la fidélité à sa parole; et elle a surmonté les ennemis intérieurs par sa fermeté et par l'heureux accomplissement de ses projets. Il n'est jamais sorti de sa bouche ni un secret, ni un mensonge; et elle a cru

que la dissimulation nécessaire pour régner ne devait aller que jusqu'au silence. Elle n'a point cédé
aux importunités des ambitieux; et les assiduités des
flatteurs n'ont point enlevé les récompenses dues à
ceux qui servaient la patrie loin de la cour. La faveur
n'a point été en usage sous son règne; l'amitié même
qu'elle a connue et cultivée, ne l'a point emporté
auprès d'elle sur le mérite souvent moins affectueux
et moins prévenant. Elle a accordé des grâces à ses
amis, et elle a donné les postes importants à des hommes capables. Elle a répandu des honneurs sur les
grands sans les dispenser de l'obéissance, et elle a
soulagé le peuple sans lui ôter la nécessité du travail.
Elle n'a point donné lieu à des hommes nouveaux
de partager avec le prince, et inégalement pour lui,
les revenus de son État; et les derniers du peuple
ont satisfait sans regret aux contributions proportionnées qu'on exigeait d'eux, parce qu'elles n'ont
point servi à enrichir leurs semblables, et à les rendre
plus orgueilleux et plus méchants.

« Persuadée que la providence des dieux n'exclut
point la vigilance des hommes qui est un de ses
présents, elle a prévenu les misères publiques par
des approvisionnements réguliers; et rendant ainsi
toutes les années égales, sa sagesse a maîtrisé en

quelque sorte les saisons et les éléments. Elle a facilité les négociations, entretenu la paix, et porté le
royaume au plus haut point de la richesse et de la
gloire, par l'accueil qu'elle a fait à tous ceux que la
sagesse de son gouvernement attirait des pays les
plus éloignés; et elle a inspiré à ses peuples l'hospitalité, qui n'était pas encore assez établie chez les
Égyptiens. Quand il s'est agi de mettre en œuvre les
grandes maximes du gouvernement et d'aller au bien
général malgré les inconvénients particuliers, elle a
subi avec une généreuse indifférence les murmures
d'une populace aveugle, souvent animée par les
sourdes calomnies d'esprits factieux. Hasardant quelquefois sa propre gloire pour l'intérêt d'un peuple
ingrat, elle a attendu sa justification du temps : et
quoique enlevée au commencement de sa carrière, la
pureté de ses intentions, la justesse de ses vues, et la
diligence de l'exécution lui ont procuré l'avantage de
laisser une mémoire glorieuse et un regret universel,

« Pour être plus en état de veiller sur tout le
royaume, elle a confié les premiers détails à des ministres sûrs, obligée de choisir des subalternes qui
en choisissaient encore d'autres, dont elle ne pouvait
plus répondre elle-même, soit par l'éloignement,
soit par le nombre.

« Ainsi j'oserai le dire devant nos juges, et devant les sujets de Nephté qui m'entendent, si dans un peuple innombrable, tel que celui de Memphis, si, dans une des cinq mille villes du royaume, il s'est trouvé, contre son intention, quelqu'un d'opprimé : non-seulement la reine est excusable par l'impossibilité de pourvoir à tout ; mais elle est digne de louange en ce que, connaissant les bornes de l'esprit humain, elle.n'a pas cessé de s'occuper des affaires publiques et qu'elle a réservé toute son attention à favoriser les bonnes choses et à prévenir les mauvaises. Malheur aux princes dont quelques particuliers se louent, quand tout le peuple a lieu de se plaindre ; mais les particuliers même qui souffrent n'ont pas le droit de condamner le prince, quand le corps de l'État est florissant, et que les principes du gouvernement sont salutaires. Cependant, quelque irréprochable que la reine nous ait paru à l'égard de ses peuples, elle n'attend par rapport à vous, ô justes dieux, son repos et son bonheur que de votre clémence. »

Aussitôt que le grand-prêtre de Memphis eut cessé de parler, il remit son voile sur son visage, et se prosterna sur le char, attendant dans cette posture la sentence des juges. Ceux-ci se réunirent au centre du tribunal pour aller aux voix. Après une courte délibération, ils reprirent leurs places, et le chef du sénat, prenant la parole :

—« Y a-t-il quelqu'un, demanda-t-il à haute voix, qui ait quelque accusation à former contre la mémoire de la reine? »

Tout le monde garda le silence; et bientôt après, toute l'assemblée demanda par acclamations que la reine fût admise dans le séjour des bienheureux. Alors l'urne étant inutile, puisqu'il y avait unanimité, le chef du sénat, s'adressant au grand-prêtre de Memphis toujours prosterné :

—« Sacré ministre de Memphis, lui dit-il, levez-vous. Les dieux vous ont trouvé vrai dans le témoignage que vous avez rendu à la mémoire de votre reine; ils vont lui décerner la récompense qu'ils réservent aux bons rois. Puissent ses successeurs profiter de son exemple et rendre leurs peuples heureux pour se rendre plus heureux eux-mêmes! »

Puis il ordonna au premier des officiers du second ordre d'aller toucher la reine de sa baguette qui avait la forme du caducée; et, se tournant vers Amédès qui était à sa droite :

—« Sage ministre d'une sage reine, lui dit-il, vous dont les conseils ont eu tant de part aux bonnes actions qui la font couronner aujourd'hui, allez avec le saint prêtre qui l'a conduite ici ; introduisez-la dans la barque, et de là dans le temple interdit aux impies, vivants ou morts. Nous allons en ouvrir les portes à votre reine et l'y recevoir nous-mêmes. »

Aussitôt tous les juges se lèvent et se rendent par une route particulière dans l'intérieur du temple des dieux infernaux.

Cependant le nautonier Caron avait déjà reçu dans sa barque le corps de la reine qui lui avait été présenté par Amédes et par le grand-prêtre de Memphis. Celui-ci, en entrant dans la barque, avait, selon la coutume, payé le tribut au nautonier des enfers. Quand ils furent à la porte du Labyrinthe, le peuple innombrable qui les suivait des yeux, entendit un bruit semblable à celui du tonnerre. C'était le retentissement des portes d'airain qui fermaient l'entrée du lieu redoutable, et qui était répété par les voûtes sonores et par les échos d'alentour.

Dès que le corps de la reine fut entré dans le Labyrinthe, le deuil général se dissipa aussi subitement que celui d'un homme qui reverrait vivante une personne chérie qu'il aurait crue morte. L'intérêt même du roi ou de la reine qu'on admettait ainsi, dans leur opinion, au séjour des bienheureux, était le principe de ce changement. Des réjouissances publi-

ques firent place aux larmes. De brillantes illumi-
nations éclairèrent toutes les villes dè l'Égypte. Au-
cun·tableau ne pourrait représenter l'effet de ces
clartés nocturnes, surtout sur les bords du lac Mœris,
cette *mer d'eau douce, ouvrage de main d'hommes,*
qui avait, dit-on, alors cent cinquante lieues de
tour, et où tous les feux étaient pour ainsi dire dou-
blés, étant réfléchis par les eaux. En un mot, aucune solennité religieuse n'avait autant d'éclat que
les fêtes qui avaient lieu au retour du Labyrinthe et
qui attiraient un concours innombrable de peuple.

Dans le printemps surtout, saison qui régnait
alors, la sérénité des jours en Égypte, aussi constante
que la fraîcheur des nuits, était singulièrement favorable à ces fêtes, qui n'avaient jamais lieu, non
plus que les funérailles des rois, dans le temps de
l'inondation du Nil. Au reste, les fêtes du retour
étaient toujours plus longues du double que la
marche du convoi funèbre. Le roi de Memphis ne
reçut la nouvelle officielle de l'ensevelissement de la
reine, que le trente-unième jour après son départ.

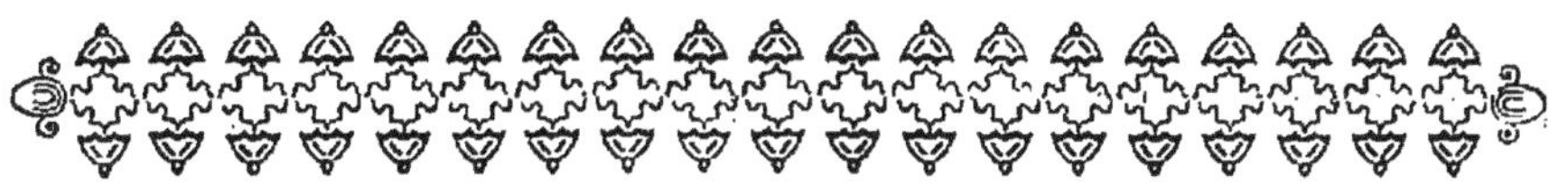

CHAPITRE III.

Le palais et les jardins des rois de Memphis. — Détails relatifs à
l'éducation de la jeunesse chez les anciens Égyptiens.

VANT de parler de l'éducation donnée
au jeune prince Aménophis, je crois
devoir donner quelques détails sur le
palais des rois de Memphis. Ces détails,
d'ailleurs, ne m'éloigneront pas trop de
mon sujet.

Ce palais faisait le fond d'une grande place,
située en face du temple des trois divinités de l'É-
gypte. Non-seulement, il était la résidence des rois,
mais encore le siége de toutes les sciences et de
tous les beaux-arts. Cet édifice ne semblait avoir été
construit et décoré que pour donner de l'exercice
à tous les talents, et pour conserver toutes les connaissances humaines.

Les jardins, par exemple, enfermaient tout ce
que l'Égypte avait jamais produit de genres et d'es-

pèces de plantes connues, et même les plantes exotiques et rares que les voyageurs avaient rapportées des climats les plus éloignés, surtout depuis les conquêtes de Sésostris. Ainsi l'on avait ménagé avec art pour le plaisir des yeux cette immense variété de plantes, remarquables, les unes par leur forme singulière ou élégante, les autres par la suavité de leurs parfums, beaucoup par l'éclat et la vivacité de leurs couleurs. Ces beaux jardins, contenant toutes les plantes potagères ou légumineuses et toutes les espèces d'arbres fruitiers, servaient à l'étude de la botanique. Les prêtres, qui étaient les ordonnateurs et les intendants de ce jardin, donnaient les plus grands soins à cette étude. Ils avaient fait dessiner et colorier tous les arbres et toutes les plantes; et on en trouvait toutes les figures dans une de ces salles du palais, qui étaient ouvertes à tous les curieux, même aux étrangers.

Une autre salle était consacrée à l'histoire naturelle. Elle contenait un choix de toutes les productions de la nature. Les plus simples devenaient curieuses par l'ordre dans lequel on les avait classées; des inscriptions portant leurs noms, les distinguaient les unes des autres. On y voyait toutes les substances recueillies sur la surface ou dans les entrailles de la

terre, toutes les espèces de concrétions, de congéla-
tions et de cristallisations, toutes sortes de fossiles, de
minéraux et de métaux. On prenait là des notions de
tous les sucs solides ou liquides extraits des plantes
ou d'autres corps. La plupart de ces sucs étaient des
aromates précieux ou des antidotes souverains. Enfin
c'était là cet antre de Mercure dont parle Orphée, où se
trouvait la réunion de tous les remèdes, et d'où l'on
ne remportait jamais l'infirmité qui y avait conduit.

De cette salle on passait à celle de la chimie,
science qui passe pour avoir été inventée par les
Égyptiens et qu'ils avaient beaucoup perfectionnée,
particulièrement en recherchant le secret d'Hermès,
c'est-à-dire l'art de convertir tout en or. Cette salle
conduisait à celle de l'anatomie. Les dissections ne se
faisaient que dans la maison des prêtres. Mais on
apportait dans le palais les sujets anatomiques, c'est-
à-dire les os, les muscles, les artères et les veines de
la plupart des animaux de l'air, de la terre et de la
mer, et l'on voyait leurs parties intérieures rendues
plus visibles par les développements ou par les in-
jections. On attribuait l'invention de l'anatomie à
Esculape, roi de Memphis, premier auteur de la mé-
decine. Les prêtres ou leurs serviteurs étaient chargés
de l'exercer. La pratique des embaumements les

avait rendus très-savants dans la connaissance des
corps animés. Il fallait avoir passé par les académies d'Alexandrie, pour avoir le renom d'habile
anatomiste.

J'ai omis de dire que les rois de Memphis avaient
au delà du jardin dont il a été fait mention, une ménagerie distribuée en parcs et en loges pour les qua-
drupèdes, en canaux et en bassins pour les poissons
et les amphibies, et en volières pour les oiseaux.
C'était là que l'on donnait de temps en temps, en
forme de spectacle les jeux de ces animaux apprivoi-
sés et dressés à des exercices étonnants. Des cro-
codiles nageant à fleur d'eau dans les canaux et
dans les bassins, portaient des hommes qui leur faisaient faire toutes sortes d'évolutions, ou les conduisaient à terre à l'aide d'une simple chaîne, souvent même au commandement. On en faisait de
même avec l'hippopotame ou cheval de rivière, effrayant animal, dont l'aspect seul inspire la terreur.
Mais il faut reconnaître que cette adresse des Égyptiens ne saurait faire oublier la honte des abus superstitieux où ils tombèrent à l'égard de la plupart
des animaux qu'ils adoraient.

Après les sciences dites expérimentales, on arrivait aux salles destinées aux sciences de calcul. Les

Égyptiens avaient acquis sur les mathématiques des connaissances dont la simple mesure des terres ou la géométrie proprement dite, n'était plus que la moindre partie. Les principes de la géométrie étaient tous écrits sur des colonnes. On y voyait aussi les découvertes qu'on avait faites dans la géométrie composée. Ces découvertes, dues aux prêtres seuls, depuis qu'ils formaient en Égypte une société particulière, étaient gravées sur des tables de marbre blanc. Ces tables portaient l'énonciation des théorèmes établis et des problèmes résolus, mais sans aucune démonstration.

Mais rien, dans ces salles, n'égalait la beauté des instruments d'astronomie. Les prêtres d'Égypte possédaient tous cette science, qui a procuré de si admirables découvertes. Mais les prêtres de Thèbes étaient supérieurs à tous les autres en cette partie.

Ce qui attirait dans le palais de Memphis l'attention d'un plus grand nombre de personnes, c'étaient les modèles de toutes les machines qui avaient servi à niveler le terrain de l'Egypte, à y répandre les eaux du Nil, à les élever à de très-grandes hauteurs, et à les contenir dans de justes limites. C'est la vue de ces merveilles qui suggéra depuis à Archimède, l'idée de la célèbre vis hydraulique qui porte son nom. Dans cette salle étaient rangés les modèles de ces puissances multipliées qui avaient tiré des carrières, transporté au loin, et placé presque dans les nues, ces pierres d'une longueur et d'une épaisseur démesurées, qui éterniseront les travaux de l'Egypte. Enfin, tout ce que le génie avait fourni à l'art de la guerre, soit sur terre, soit sur mer, était déposé là et avec ordre, ainsi que les modèles des vaisseaux de toutes formes et des instruments propres à les construire et à les guider dans leurs routes.

Quoique les Egyptiens donnassent le premier rang, entre les connaissances de l'esprit, aux sciences naturelles, parce qu'elles vont plus directement à l'utilité publique, ils n'avaient point négligé, celles qui sont l'objet de l'érudition. Les conférences s'en tenaient dans une vaste bibliothèque, enrichie chaque jour de nouveaux trésors, et sur la porte de laquelle était écrit en lettres d'or : Nourriture de l'âme.

A Memphis, et dans les autres villes de cette partie de l'Egypte, les prêtres gardaient chez eux tous les livres relatifs à la religion. Ils ne les communiquaient qu'aux initiés (1), et ils les leur expliquaient en secret. Les prêtres étaient aussi les seuls juges en

(1) On donnait ce nom à ceux qui avaient reçu communication des mystères d'Isis et d'Osiris.

matière de droit civil. C'est chez eux que Solon et Lycurgue prirent les plus belles lois qu'ils rapportèrent l'un à Athènes et l'autre à Sparte. Une des plus remarquables de ces lois, était celle qui prescrivait à chaque homme du peuple en Egypte, de déclarer aux juges chaque année à quoi il prétendait gagner sa vie; et il lui était interdit, pendant ce temps-là du moins, de faire autre chose sous peine de mort. De cette sorte, chacun travaillait de tout son pouvoir. Les aveugles mêmes avaient leurs occupations. Il n'était pas jusqu'aux goutteux qui ne travaillassent, s'ils avaient seulement ou les mains ou les pieds libres.

Les rois de l'Egypte avaient favorisé, de tout temps, ces académies, persuadés qu'ils étaient que l'amour des sciences et le repos qu'elles demandent, éloignent des esprits toute idée de révolte. Outre que les sciences exercent et ornent l'esprit, elles lui donnent encore une certaine solidité et une certaine droiture qui empêche ordinairement les hommes, non-seulement d'être frivoles, mais encore d'être méchants. Divers princes en avaient fait l'expérience par les grands ministres, les grands magistrats et même les grands capitaines que ces écoles leur avaient fournis. Dans ces académies, les exercices du corps succédaient ordinairement à ceux de l'esprit. Je ne parle pas seulement de lutter, de nager, de courir à pied ou à cheval, de monter le long d'une simple corde sur des faîtes élevés, et d'y marcher pour assurer son coup d'œil et ses pas, toutes choses fort importantes à la guerre : j'entends aussi toutes les parties de l'art militaire qui exigent de l'étude et des connaissances. Ainsi l'on voyait les jeunes seigneurs de la cour prendre à l'envi les distances de lieux inaccessibles, et les mesures de toute espèce de fortifications. Ils suivaient avec attention les plus savants architectes pour apprendre d'eux les proportions des fondements des murailles, la différence des bois employés dans les charpentes, et le degré de force qu'ils tirent de telle position plutôt que de telle autre.

Suivant un usage aussi ancien en Egypte que la monarchie même, les prêtres, d'ailleurs si austères dans les fonctions de leur ministère, venaient fréquemment dans le palais aux heures des assemblées. Le premier motif de cette institution avait été de conserver la religion dans l'âme des rois, et la décence au sein d'une cour, où, contre la coutume des autres nations de ce temps, les femmes étaient toujours avec les hommes. Les prêtres avaient profité eux-mêmes de cet avantage, en prenant les manières

affables du monde en échange des connaissance
qu'ils y portaient. Les uns et les autres formaient ces
heureux assemblage, le seul, peut-être, qui mérite
d'être appelé bonne compagnie, c'est-à-dire des gens
de condition mêlés avec des gens d'esprit et de savoir.
Chacun ne parlant que suivant la mesure de son génie et de ses connaissances, toutes les personnes de la
cour, quoiqu'en différents degrés de lumières, se rendaient presque également estimables. Les Egyptiens
tenaient même pour maxime que le bel esprit n'est
pas la plus grande qualité que l'homme puisse avoir,
non-seulement par rapport aux affaires d'État et de
guerre, que l'on confie plutôt à des hommes de sagesse et d'expérience qu'à de beaux esprits, mais
encore par rapport au commerce de la vie et à l'agrément de la société. Ainsi les beaux esprits n'étaient
considérés qu'autant qu'ils tâchaient de se montrer
doux, modestes et parés des autres qualités ordinaires aux honnêtes gens.

On voit par ce détail quels avantages offrait cette
éducation publique des Egyptiens. Mais ce qui en
était le plus estimable, c'est qu'elle n'abandonnait
pas les jeunes gens au sortir de l'enfance, c'est-à-
dire lorsqu'ils ont le plus besoin d'être prémunis
contre les premières fougues des passions.

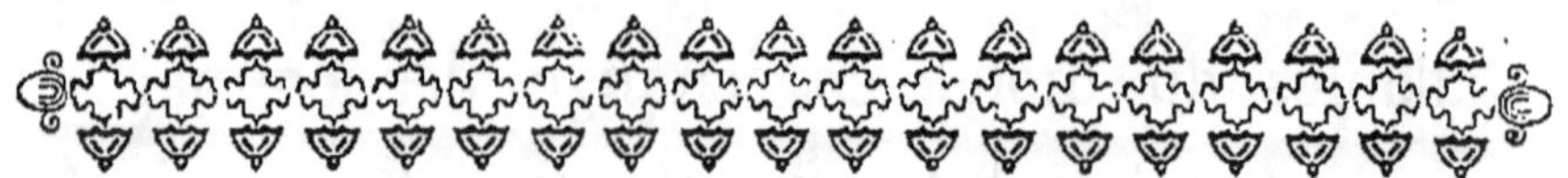

CHAPITRE IV.

Éducation qu'Amédès donne au prince Aménophis, son élève. —
Ascension et descente de la grande pyramide. —
Effets de l'exemple du jeune prince.

ORSQUE les larmes d'Aménophis eurent payé un légitime tribut à la mémoire de sa mère, le sage Amédès, qui savait que son élève était menacé d'être supplanté par le fils d'une nouvelle reine, nommée Daluca, qui avait déjà pris la place de Nephté, travailla à fortifier de bonne heure son esprit et son cœur, pour qu'il pût un jour lutter avec gloire contre les difficultés qui allaient s'amonceler autour du trône.

Il ne lui découvrait pas en termes précis la disgrâce où il le voyait déjà tombé, situation dont un enfant de huit à neuf ans n'eût pu se rendre compte exactement. Mais il projeta de jeter en lui les fondements de toutes les vertus dont il aurait besoin pour se soutenir dans la fortune la plus contraire. Il lui parlait de son auguste naissance, pour lui faire sentir, non le respect que les autres hommes lui devaient, mais celui qu'il se devait à lui-même. Il lui mettait sous les yeux non un prince environné de peuples obéissants et de courtisans esclaves, mais un prince dépossédé par des usurpateurs et vivant parmi des étrangers, chez lesquels il n'aurait d'autre grandeur que celle de son âme et de son courage. Les questions qu'il lui faisait pour sonder ses sentiments ou pour exercer son esprit, roulaient presque toujours sur des situations périlleuses et délicates, dont on ne pouvait se tirer que par une extrême valeur, ou dans lesquelles il fallait mettre en œuvre la probité la plus parfaite.

A l'égard de la religion de ses pères, Amédès l'enseignait à son jeune élève d'une manière courte, simple et unie, en tout ce qui concernait les principes; mais il appuyait beaucoup sur les exemples et sur les préceptes de morale qu'il en tirait.

Quant à ce qui regarde les sciences, Amédès désirait qu'à tout événement Aménophis acquît tout le mérite d'un simple particulier. Jugeant même son élève dans un âge peu capable de comprendre les grandes maximes du gouvernement, de la politique et de la guerre, il crut ne pouvoir mieux employer

les premières années de son éducation, qu'en le faisant entrer de bonne heure dans toutes les sciences
des Egyptiens. L'enfance a ce grand avantage que ce
n'est qu'à cet âge qu'on apprend parfaitement les
éléments des sciences et des arts.

Grâce à ces soins attentifs, le sage instituteur
voyait chaque jour se développer dans le jeune
prince un génie admirable. Ainsi dans les sciences
naturelles, à peine le maître pouvait-il suivre la facilité et la pénétration de son élève; et, dans les
sciences historiques, à peine pouvait-il suffire à son
innocente curiosité. Aussi, pour accoutumer Aménophis à s'instruire seul, il l'exerçait dans l'étude de
la nature, en lui donnant des expériences à faire et
des difficultés à résoudre, et dans l'histoire, en lui
faisant lire d'un bout à l'autre les auteurs célèbres,
et lui demandant des extraits suivis de toutes les
histoires.

Il le menait aussi tous les jours à certaines heures
dans les académies, où l'on trouvait l'élite de la jeunesse de Memphis, et tous ceux qui ne s'étaient pas
encore laissé corrompre par l'air de la nouvelle
cour. On n'approfondit les sciences que dans les études
particulières; mais le bon usage qu'on en peut faire
ne s'acquiert que dans le commerce des gens d'es-

prit et de mérite. De plus, Amédès jugeait utile de faire connaître Aménophis à la jeunesse du royaume qui devait croître avec lui. Il désirait aussi que son élève liât quelque commerce avec les étrangers, que la réputation de l'Egypte attirait de tous les pays du monde civilisé. Les esprits attentifs acquièrent de nouvelles lumières dans la fréquentation de ceux mêmes qui en ont moins qu'eux. Ces étrangers apprenaient la langue égyptienne avec le plus grand soin. Mais les plus curieux d'entre les Egyptiens apprenaient eux-mêmes celles des autres peuples. Les prêtres se partageaient entre eux toutes les langues de la terre connue pour être en état de satisfaire aux consultations qu'on leur adressait de toutes parts.

Quoique la connaissance de la langue égyptienne donnât une grande ouverture pour les autres langues, Amédès avait pourtant fait étudier à son élève les premiers éléments de ces dernières ; mais il lui en laissait acquérir la perfection par l'usage, et par les fréquents entretiens qu'il lui procurait avec les étrangers qui lui paraissaient les plus habiles.

Toutefois l'éducation d'Aménophis ne se bornait pas à la culture de l'esprit. Amédès exigeait encore de lui les exercices du corps. Il profitait même de l'abandon où il voyait ce jeune prince, de la part

d'un père gouverné par une seconde femme, pour
le faire passer par des travaux de plus en plus pénibles ou périlleux, à mesure qu'il avançait en âge.
C'est une sorte d'épreuve que les parents les mieux
intentionnés n'épargnent que trop à leurs enfants.
Mais Amédès regardait son élève comme devant
être lui-même, ainsi qu'un simple particulier, l'ar-
tisan de sa fortune.

Il le faisait donc aller à pied dans tous les lieux
situés dans les environs de Memphis, dans le double
but de l'accoutumer à la fatigue, et de lui faire remarquer les singularités de son propre pays, que
l'on néglige quelquefois plus que les curiosités étrangères. Il le conduisait surtout très-fréquemment aux
Pyramides. On en voyait à cette époque une cen-
taine ensemble, mais de grandeurs différentes, à
quatre milles de Memphis vers l'Occident, et du côté
de la Lybie. Il n'y en avait que là et auprès de
Thèbes, dans toute l'Egypte. Les rois de ces deux
Etats avaient été curieux de donner cette forme à
leurs tombeaux, ou plutôt de laisser après eux ce
monument de leur grandeur et de leur puissance.

Amédès s'attendait parfaitement à l'impression
que feraient les pyramides sur le jeune prince à leur
premier aspect, et qui serait sans doute la même

qu'en remportent les voyageurs qui viennent voir du bout de l'univers cette merveille du monde. Cette impression est toujours de les trouver moins grandes qu'on avait pensé. Amédès ne manqua pas cette occasion de faire remarquer à Aménophis que l'œil humain n'est jamais satisfait des grandeurs qui sont arbitraires, et que pour le contenter, il faudrait, ce semble, les porter à perte de vue.

— Néanmoins, continuait-il, les pyramides considérées de plus près n'en sont pas moins merveilleuses, et vous allez revenir, prince, à une juste admiration en ce qui les concerne. Premièrement, vous éprouverez vous-même, par les méthodes les plus sûres qu'on vous ait enseignées dans les académies de Memphis, avec quelle justesse leurs quatre faces sont orientées. De plus, quelque grands que vous aient pu paraître les plus beaux temples de Memphis, il n'en est aucun dont les dimensions approchent de celles de la grande pyramide, quoique la forme de nos temples ait par elle-même quelque chose de plus agréable et de plus brillant.

Effectivement, la première et la plus élevée des pyramides, dont l'intérieur subsiste encore aujourd'hui dans son entier, a une hauteur perpendiculaire de six cent trente pieds. Elle est formée par assises

qui vont toujours en se rétrécissant, jusqu'à la dernière qui soutient une plate-forme dont chacun des
quatre côtés n'a plus que douze pieds. Les rebords
de ces assises, dont la hauteur diminue aussi à mesure qu'on monte, servent de marches pour monter
jusqu'au haut.

Parmi ceux qui accompagnaient le plus souvent
Aménophis à cette promenade, il n'y avait que les
plus hardis qui entreprissent d'arriver jusqu'à la
plate-forme ; et il n'y en avait aucun qui osât descendre autrement qu'à reculons, dans la crainte
qu'un étourdissement ne fît faire quelque faux pas.
Aménophis, déjà familiarisé avec plusieurs exercices
très-périlleux, ne pouvait comprendre pourquoi
Amédès ne lui permettait pas d'entreprendre celui-
là qui ne lui causait aucun effroi. Amédès lui dit
enfin :

— Prince, l'intérêt que je prends à votre vie et à
votre honneur me défend de vous exposer à cette
épreuve, jusqu'au moment où vous serez en état de
descendre la pyramide le visage tourné du côté de la
campagne. Il ne convient pas à un prince tel que
vous de donner le moindre signe de crainte en quelque occasion que ce puisse être.

A peine Amédès achevait-il ces paroles qu'Aménophis courant à la pyramide et posant ses deux mains sur les premières assises hautes de quatre pieds, s'éleva sur chacune d'elles avec une légèreté et une grâce merveilleuses, jusqu'à ce qu'arrivant à celles qui n'ont qu'un pied de haut, il les monta comme des marches ordinaires, et se trouva bientôt au-dessus de la plate-forme. Là il fit une courte pause et, se tournant du côté des spectateurs qui étaient nombreux au pied de la pyramide, il descendit avec la même hardiesse qu'il aurait eue dans un escalier ordinaire et commode. Arrivé au bas de la pyramide, Aménophis fut salué par d'unanimes applaudissements et reçut les félicitations de son maître.

Son exemple rendit l'entreprise un peu plus commune; et dès lors sept ou huit jeunes seigneurs s'attachèrent à sa personne plus particulièrement, le suivant toujours d'aussi près qu'il'leur fût possible, et dans ses exercices et dans ses expéditions.

On croyait aussi généralement, alors, qu'il était impossible du haut de cette pyramide de tirer une flèche qui tombât au delà des dernières marches d'en bas. Aménophis, avant même d'en avoir fait l'essai, sentit la fausseté de cette opinion, et s'engagea hardiment à tirer du milieu de la plate-forme une flèche qui devait tomber non-seulement au delà d'une des faces, mais au delà même d'un des angles de la pyramide. Il prouva aussitôt qu'il avait raison, cette distance n'étant en effet que la moitié de la portée d'une flèche lancée par un habile archer.

Mais tout cela ne regardait encore que l'extérieur de la pyramide, et le prince pressait Amédès de lui en faire visiter l'intérieur. Comme il s'agissait de traverser des lieux obscurs et profonds, le sage gouverneur était persuadé que cette épreuve était excellente contre les terreurs paniques qui saisissent la plupart des gens dans les ténèbres, et contre la crainte des fantômes dont la terreur populaire remplissait alors comme à présent les édifices inhabités. Mais il réservait pour un autre temps cette épreuve qui devait mettre le comble à l'éducation d'Aménophis.

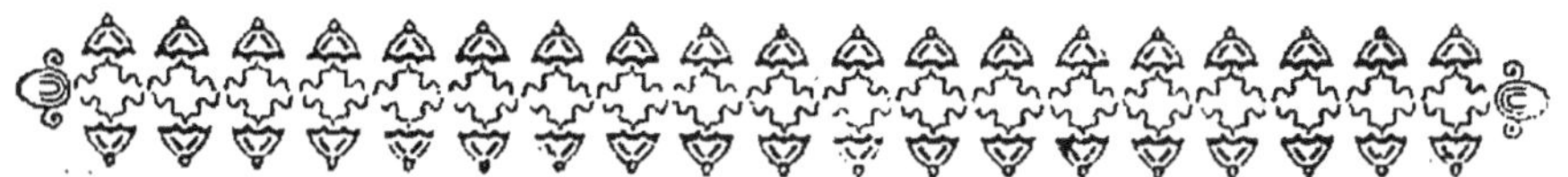

CHAPITRE V.

Première expédition d'Aménophis : le monstre du mont Aspis.

NE circonstance de nature à faire briller le courage d'Aménophis ne tarda pas à se présenter. Les villes frontières du royaume de Memphis du côté de la Libye, Plintine, Taposiris, Scyatis et quelques autres envoyèrent à Amédès un député chargé de lui annoncer en secret qu'elles étaient affligées par le voisinage d'un énorme et redoutable serpent, qui se retirait dans un antre du mont Aspis, et qui portait la désolation et l'effroi dans toute la plaine appelée le petit Catabathme, d'où elles tiraient leur subsistance. En même temps, on s'adressait à lui comme au gouverneur d'un jeune prince dont les inclinations vertueuses faisaient toute l'espérance du royaume, avec prière de déterminer son royal élève à se charger, sous sa conduite, d'une expédition qui aurait pour objet la destruction de ce monstre, et pour résultat le salut du peuple. Amédès s'empressa d'annoncer cette nouvelle au jeune prince.

— Je suis prêt à braver tous les périls pour les sujets du roi mon père, dit Aménophis les yeux tout rayonnants du feu de l'héroïsme, et je crois pouvoir compter sur les jeunes seigneurs mes compagnons d'académie, qui seront heureux de m'accompagner dans cette entreprise.

— Aussi ai-je répondu, sans hésiter, de vous et de vos amis, répondit Amédès. Mais j'ai ajouté que cette expédition devait se faire sans apparat, que nous formerions simplement une partie de chasse; que pour la même raison, nous ne nous arrêterions, ni en allant ni en revenant, dans aucune ville considérable, et que l'on se gardât bien de faire pour vous nulle part aucune cérémonie d'honneur. Vous devez éviter avec soin tout ce qui pourrait donner de l'ombrage à votre belle-mère : vous m'entendez, Aménophis?

Le jeune prince, touché de toutes les attentions d'Amédès, le remercia avec une reconnaissante effusion, et de son zèle et de ses sages précautions. — Eh bien, reprit Amédès, puisque vous agréez toutes les mesures que j'ai prises, si vous m'en croyez, nous partirons dès demain matin, pour prévenir tous les obstacles qu'on pourrait mettre à notre voyage. Ainsi donc employez le reste de la journée à choisir vous-même, avec toute la prudence d'un chef habile, ceux des jeunes seigneurs, vos compagnons, qui méritent le plus votre confiance, et recommandez-leur bien à tous de ne parler de leur expédition, que comme d'une chasse ordinaire de bêtes sauvages.

Aménophis, sans perdre de temps, avertit aussitôt ses huit compagnons favoris ; et le lendemain, tous montèrent à cheval et partirent, suivis seulement d'un petit nombre d'esclaves. Ils se dirigèrent vers le bord septentrional du lac Mœris. Amédès, pour stimuler davantage encore leur zèle, leur disait, en marchant, que les grandes chasses avaient été regardées par les anciens héros comme un apprentissage de la guerre, non-seulement à cause des longues courses qu'il fallait faire, des incommodités qu'il fallait essuyer, de toutes les fatigues que cet exercice entraînait avec soi, mais bien plus encore par le besoin qu'on éprouvait sans cesse d'exercer son jugement, d'observer avec attention, d'apprendre à acquérir une connaissance exacte des hauteurs, des ravins, des plus petits sentiers qu'un chasseur doit parcourir.

— Du reste, ajoutait-il, on peut dire que la chasse

que vous allez entreprendre est une véritable guerre, car vous allez délivrer toute une contrée d'un monstre qui détruit les moissons, qui dévore les troupeaux et les bergers. Savez-vous bien d'ailleurs que l'ennemi que vous allez combattre est un serpent formidable que l'on dit être d'une grosseur et d'une longueur énormes?

— Tant mieux! dit Aménophis, nous pourrons le voir de plus loin.

— Il sera plus facile de le voir face à face, dit un des seigneurs.

— Doucement, mes jeunes amis, reprit le prudent Amédès ; apprenez que toutes les parties du corps de ce reptile sont couvertes d'écailles qui, à ce qu'on m'a dit, sont à l'épreuve de tous les traits qu'on peut lancer contre lui. Un tel ennemi à combattre exige que nous prenions des précautions. Nous bornerons-nous à l'enfermer dans son antre si nous en découvrons l'entrée? mais cet antre peut avoir plus d'une issue, et un animal de cette force s'en peut faire en peu de temps. Ou bien nous contenterons-nous de le chasser à force de monde et de cris loin de la plaine de Catabathme, et au delà des montagnes de la Libye? mais, après notre départ, ne pourra-t-il pas revenir? D'ailleurs il serait peu généreux de jeter chez nos

voisins, même quand ils seraient nos ennemis, une
cause de désolation dont nous aurions affranchi notre pays. J'ose donc vous proposer un projet plus
digne de vous tous.

— Lequel? s'écrièrent Aménophis et les jeunes
seigneurs.

— Le voici : tâchons de prendre le monstre vivant,
et ramenons-le en triomphe dans la ménagerie du
roi. Prince, vous vous accoutumerez par là à une
pratique avantageuse dans presque toutes les rencon-
tres de la vie , celle d'employer plutôt l'adresse que
la force.

— A merveille ! à merveille! dirent les jeunes
seigneurs ; mais que faut-il faire? Nous sommes
prêts à suivre fidèlement vos ordres. ,

— Aménophis sera votre chef, reprit Amédès ;
c'est à lui que vous devrez obéir; comme dans une
armée bien composée et dans une guerre bien
conduite, vous aurez tous part à la gloire du succès,
non-seulement à proportion de votre courage, mais
encore à proportion de votre intelligence. »

Après six jours de marche, nos cavaliers ayant découvert la première pointe du mont Aspis, jugèrent
que le monstre devait se retirer là pour être lui-
même plus à portée de fondre sur les terres fertiles et

habitées. Des traces d'une bave luisante sur des blés renversés et des haies rompues, leur annoncèrent le récent passage du serpent ; mais personne ne pouvait leur dire où il était, parce que le seul bruit de ses écailles, qui se faisait entendre de loin, mettait en fuite tous les habitants de la campagne, depuis qu'il avait dévoré quelques imprudents qui s'étaient arrêtés pour le voir. On avait seulement fait la remarque qu'il demeurait très-peu de temps dans les lieux un peu éloignés de la montagne, et qu'il se retirait aussitôt qu'il avait pu saisir dans les pâturages quelque pièce de bétail.

Pour se procurer des indices plus positifs, les chasseurs continuèrent leur marche vers le mont Aspis. Ils n'en étaient plus qu'à une demi-lieue lorsqu'ils découvrirent entre eux et la montagne un vaste marais, au delà duquel ils virent une sorte de monticule qui paraissait couvert de brillantes feuilles de talec. Ils fixèrent leurs regards sur cet objet qui bientôt leur sembla se mouvoir. Ils s'arrêtèrent aussitôt pour l'observer avec plus d'attention.

C'était le serpent qui, roulé sur lui-même, changeait de posture sans changer de place. Alors Aménophis dit aux jeunes seigneurs de sa troupe :

— Chers compagnons, dans le dessein que nous

avons formé de prendre ce monstre vivant, je crois qu'avant toutes choses il faut nous assurer de sa longueur et de sa grosseur, pour mieux connaître l'ennemi auquel nous avons affaire ; d'autant mieux qu'il faudra sans doute l'amener comme les autres bêtes féroces dans une cage de fer, où nous tâcherons de le faire entrer. Ainsi, pour pouvoir en faire construire une dans la ville la plus voisine, il est important de connaître aujourd'hui même les dimensions de cet animal. Je pense donc que nous devons marcher tous ensemble au petit pas du côté du monstre, comme une caravane qui suit son chemin, et sans donner aucun signe de le vouloir attaquer. D'après l'instinct connu de tous les animaux, il se retirera probablement à notre première vue. Alors nous tâcherons d'observer de loin les objets qu'il couvrira des deux extrémités de son corps ; et quand nous serons de l'autre côté du marais, nous irons prendre nos mesures.

Alors Aménophis distribua les rôles de chacun, et se chargea lui-même, suivi de plusieurs de ses compagnons, de découvrir, s'il était possible, l'entrée de la caverne.

Les choses se passèrent comme le jeune prince l'avait prévu. A la vue des chasseurs, le serpent commença à se développer. Sa tête triangulaire, s'élevant au-dessus des orbes que formait son corps, atteignit facilement la hauteur de deux hommes. Mais il la baissa bientôt et la tourna du côté de la montagne qu'il voulait gagner. Le milieu de son corps forma ensuite un cercle dont le diamètre approchait de la hauteur à laquelle il venait de porter sa tête.

L'extrémité inférieure de ce cercle du côté de la queue servait de point d'appui pour faire glisser en avant tout le reste du corps sans aucun bond. Cependant le monstre par l'étendue de ses mouvements fut bientôt au pied de la montagne, et laissa libre tout l'espace où l'on devait prendre les mesures de ses traces. Toute évaluation faite, on trouva qu'il avait à peu près quarante-cinq pieds de long, et dix-huit à dix-neuf pieds de circonférence dans la plus grosse partie de son corps qui était sa tête. Pendant cette opération, Aménophis, Amédès et trois ou quatre autres suivaient le reptile de loin, en se dérobant à ses regards, soit par des détours, soit en prenant les chemins les plus couverts. L'animal tourna autour de la base de la montagne jusqu'à une espèce d'avenue assez longue et assez étroite. Alors nos observateurs eurent la satisfaction de le voir entrer par une ouverture qu'il emplissait presque tout entière, en traînant péniblement son corps qu'il ne pouvait enrouler comme en rase campagne.

Après cette première reconnaissance, Aménophis conduisit sa troupe dans l'endroit où il voulait se fixer jusqu'à l'achèvement de l'expédition. C'était dans les environs de Scyathis. Le lendemain dès le matin, accompagné d'Amédès qui avait approuvé tout son dessein, et de trois de ses compagnons, le jeune prince se mit en marche du côté de la caverne. Le serpent était déjà sorti pour aller se plonger dans le marais et de là se diriger vers la plaine. Le projet d'Aménophis était d'entrer dans la caverne pour voir si l'on pourrait dresser les embûches nécessaires pour se rendre maître de l'animal. Il y entra le premier. Ses compagnons et lui s'étaient munis de légères bottines de fer pour se garantir des insectes piquants que les vents du désert apportent en Égypte en certaines saisons de l'année.

Ils trouvèrent à gauche une voûte naturelle d'où tombaient par intervalles des gouttes d'eau sur un terrain pierreux et incliné, et à droite un lit de glaise où ils crurent reconnaître à plusieurs indices que le serpent couchait. Sans s'arrêter à une autre ouverture qui les aurait conduits beaucoup plus loin, Aménophis satisfait de voir que, dans l'intérieur de cette caverne, il serait possible de monter la cage dans laquelle on devait prendre et tenir enfermé le formidable animal, sortit de ce lieu après avoir fait toutes les remarques utiles à son dessein, et revint en toute hâte à Scyathis. Il demanda d'abord aux magistrats de mettre à sa disposition trois mille hommes de la milice de la province, armés de boucliers, d'épées et de carquois chargés de flèches, sans oublier leurs trompettes et leurs cymbales. Puis il commanda à tous les forgerons de la ville de travailler sans désemparer à la machine dont il leur donna le dessin. C'était une cage de huit pieds de face sur une longueur de cinquante pieds.

Trois jours suffirent pour terminer cette cage qui était fermée de tous côtés par des barreaux de fer qu'on pouvait ôter et remettre à volonté. Les troupes arrivèrent de toutes parts, et le quatrième jour fut assigné pour l'exécution de l'entreprise.

Dès qu'on sut que l'animal, suivant son habitude, était sorti de sa caverne, Aménophis y fit porter toutes les pièces de la machine et la fit monter en moins de trois heures. Il ordonna ensuite à une partie des soldats de filer un à un et en silence vers le lieu où l'on savait que le serpent se trouvait alors, et de se rendre en passant au-dessus de lui, à l'autre côté de l'entrée de la caverne, pendant que l'autre partie des troupes fermerait l'enceinte en se rendant au côté le plus proche de l'endroit d'où l'on partait.

A ce premier mouvement, le monstre qui ne se voyait point encore poursuivi, prit comme la première fois le chemin de la caverne. Mais, découvrant de loin une longue file d'hommes, il s'arrêta, et bientôt après, se mit à faire d'horribles sifflements. Les compagnons d'Aménophis avaient ordre de faire alors serrer les rangs de plus en plus, à mesure que le terrain de l'enceinte diminuerait. En même temps le signal fut donné de faire retentir toutes les trompettes et toutes les cymbales. De plus, les soldats frappèrent de leurs épées sur les boucliers les uns des autres, pendant que d'autres en plus grand nombre tiraient sur le monstre des milliers de flèches.

Le reptile voyant qu'il avait affaire à des ennemis décidés, qui loin de s'effrayer de ses sifflements menaçants, s'approchaient de lui de plus en plus et ne lui laissaient d'autre retraite que sa caverne, se dirigea rapidement vers cette retraite. Le bruit des instruments de musique, les cris des hommes, et une grêle de flèches l'y accompagnèrent avec une certaine vivacité. A peine eut-il engagé sa tête pour entrer, qu'il fit un effort pour reculer; mais, arrêté sans doute par les pointes des barreaux de sa cage, et se sentant serré de près, il se décida à se réfugier dans la prison qu'on lui avait préparée ; il espérait sans doute sortir par l'autre bout et s'échapper par les issues qu'il connaissait dans sa caverne. Mais il fut arrêté par les barreaux qu'on se hâta de mettre à la cage. Alors les soldats élargirent l'entrée de la caverne, et la cage en fut tirée par le moyen d'un long attelage de chevaux. Les habitants des villes et des campagnes, accourus pour voir les auteurs de cette merveilleuse expédition purent contempler le monstre étendu dans sa cage, ne donnant plus aucun signe de fureur, et tournant tranquillement ses regards de côté et d'autre. Toujours traîné à reculons, le serpent fut conduit à Memphis.

CHAPITRE VI.

Aménophis, sous la conduite d'Amédès, descend dans l'intérieur
de la grande pyramide.

MÉNOPHIS et ses compagnons furent re-
çus par le roi avec de grandes louanges.
Mais la nouvelle reine, de son côté, fut
secrètement mortifiée de ce premier exploit
du jeune prince ; c'est pourquoi Amédès,
pour vaincre le mal par le bien, se hâta de
rendre son élève plus digne encore de sa jalousie. Il se croyait désormais assez sûr de la prudence
et du courage d'Aménophis pour exécuter le projet
qu'il avait formé en sa faveur. Mais il fallait, pour cela,
le faire absenter de la cour ; permission qui devait
s'obtenir très-facilement de la reine : car cette princesse, depuis les huit années qu'elle avait succédé à
la bonne reine Nephté, avait eu deux fils qu'elle faisait tenir presque constamment en la présence de
son faible et frivole époux, pour l'accoutumer à ne

reconnaître qu'eux pour ses enfants. Par le même motif, elle laissait rarement à Aménophis la liberté de voir le roi son père. Aussi favorisa-t-elle le départ du jeune prince qui allait, disait-il, avec son gouverneur, visiter les principaux temples de l'Égypte.

Le projet d'Amédès était de faire enfin connaître à son élève l'intérieur de la grande pyramide; et, à cet effet, il avait eu soin d'avertir le grand-prêtre de Memphis, le même encore qui avait conduit la feue reine au Labyrinthe.

Amédès et Aménophis sortirent donc du palais à pied, après avoir dit au premier officier des appartements, qu'ils ne reviendraient peut-être de quelque temps, et que la reine était instruite de leur voyage. S'étant pourvus d'une lampe et de toutes les choses nécessaires pour l'allumer au besoin, ils arrivèrent à la pyramide lorsqu'il était déjà nuit. Amédès avait pris ainsi ses mesures parce qu'il voulait entrer seul avec Aménophis dans ce ténébreux séjour. Ils montèrent ensemble jusqu'à la seizième assise du côté du nord, où était une fenêtre toujours ouverte.

Mais, pour passer par cette entrée fort étroite, il fallait absolument ramper comme un serpent. Aménophis allait le premier; Amédès n'avait garde de lui ôter cet honneur, non plus que la peine de porter la lampe ; et de plus, il ne l'avertissait jamais ni de la longueur de chaque allée, ni de ce qu'il devait trouver au bout. Ces allées avaient toutes leurs difficultés particulières. Aménophis, guidé par Amédès, parvint à un endroit où s'offrit à sa vue un puits très-large, enduit partout d'un asphalte très-noir et uni comme une glace. L'ouverture seule de ce puits, à la lueur d'une lampe, était d'un aspect effrayant : on eût dit un abîme sans fond ; et l'on ne voyait ni roue, ni poulie, ni corde dont on pût se servir pour le sonder ou pour y descendre.

C'était aussi là le terme où s'arrêtaient tous ceux qui ne pénétraient pas le secret, ou qui, l'ayant pénétré, n'avaient pas le courage de s'en servir. Amédès, accoudé sur la margelle du puits, et tenant alors la lampe, attendait en silence jusqu'où irait à cet égard la curiosité d'Aménophis. Quand l'impatience du jeune prince l'eut bien assuré de son courage, il se releva, mit sur sa tête la lampe dont le dessous était creusé exprès en forme de casque ; et, en cet état, se mettant comme à cheval sur le bord du puits où il s'était constamment tenu, il mit d'abord un pied sur un échelon de fer de la longueur de six doigts que l'ombre avait caché au jeune prince ; ensuite, Amédès passant tout son corps au dedans de

l'ouverture du puits, posa l'autre pied sur un échelon semblable, à un pied plus bas, et sans rien dire,
continua de descendre, Aménophis ne manqua pas
de le suivre.

Quand ils eurent descendu les soixante échelons
qui ne les conduisirent pas à beaucoup près jusqu'au
fond du puits, ils trouvèrent à leur portée une fenêtre qui était l'entrée d'un chemin assez commode,
creusé dans le roc et descendant en tournoyant la longueur de cent vingt-quatre pieds. Jusque-là, le fond
du puits était rempli de décombres à une assez grande
hauteur. Le chemin tournoyant les conduisit à une
porte grillée, à deux battants d'airain, qui s'ouvraient
sans bruit au moindre effort qu'on faisait pour les
pousser ; mais en retombant d'eux-mêmes pour se
rejoindre, ils rendaient, par un artifice dont le principe était dans les gonds, un son très-fort qui semblait se perdre au loin dans le fond d'un vaste édifice. Ils se trouvèrent alors au fond du puits qui avait
en tout cent cinquante pieds de profondeur.

En face de cette porte, qui était du côté du nord,
il y en avait une autre du côté du midi, fermée
d'une grille de fer dormante, et formée de barreaux
énormes. A travers ces barreaux, Aménophis aperçut une allée à perte de vue, bordée à gauche et du

côté de l'Orient, d'une longue suite d'arcades, d'où s'échappaient de grandes lueurs de lampes et de torches. Le jeune prince entendit aussi dans la profondeur de ces arcades des voix d'hommes et de femmes, qui formaient une musique très-harmonieuse. Amédès lui apprit que l'allée qu'il voyait à travers la grille, était le dessous des autres pyramides qui étaient de véritables tombeaux, et que les arcades conduisaient à un temple souterrain, où les prêtres et les prêtresses dont il entendait les voix, faisaient chaque nuit différentes sortes de sacrifices et de cérémonies qu'il ne pouvait lui révéler parce qu'il n'était pas initié.

La curiosité d'Aménophis, jeune homme naturellement plein d'ardeur, était allumée par tant de circonstances mystérieuses. Il se sentit transporté d'un violent désir de l'initiation, et pria instamment Amédès de la lui procurer.

— Mon fils, lui dit le sage gouverneur, le courage qui vous a conduit jusqu'ici, et qui va vous conduire encore plus loin si vous le désirez, est déjà une démarche qui vous dispose à cette prérogative. De ce jour finit votre adolescence, et le désir que vous venez de montrer pour l'initiation fait que vous commencez aujourd'hui à être un homme parfait. L'ini-

tiation à laquelle il nous est défendu d'inviter directement qui que ce soit, est cette entreprise dont je
vous ai déjà parlé vaguement, et pour laquelle j'ai
voulu avoir des preuves particulières de votre courage et de votre prudence.

— Mon père, dit Aménophis, il m'en vint alors
une légère idée; mais je n'osai point vous l'exprimer,
dans la crainte de vous voir rejeter trop loin une proposition qui me paraissait téméraire à mon âge, et
que ce lieu m'a donné aujourd'hui la hardiesse de
vous faire.

— Vous avez raison, mon fils, répondit Amédès,
de regarder aujourd'hui même cette prétention
comme très-hardie. Les épreuves qu'on exigera de
vous à l'égard du corps sont pénibles, même périlleuses; cependant elles sont encore peu de chose en
comparaison de celles qu'on exigera du côté de l'âme.
Je vous avertis que les prêtres, qui n'ont à rendre
compte à personne, ni de leur choix ni de leur refus,
usent d'une extrême sévérité, surtout à l'égard de
ceux qui, étant destinés à monter sur le trône, veulent encore participer aux secrets du sacerdoce. Ils
vous éprouveront sur la morale la plus haute par
des questions que vous ne sauriez prévoir, et auxquelles vous ne pourrez répondre qu'en remplissant

votre âme des principes féconds et lumineux, d'où doivent couler d'elles-mêmes toutes vos réponses.

— Ah! mon père, dit Aménophis, quel temps précieux j'ai perdu jusqu'à présent, et quels trésors j'ai laissé dissiper dans les leçons que j'ai déjà reçues! Mon attention à vos préceptes, je ne la regardais que comme un devoir, tandis que je devais la considérer comme l'unique voie capable de me conduire aux richesses véritables.

— Mon fils, reprit Amédès, il n'y a encore rien de perdu. Votre première jeunesse a dû, comme elle l'a fait, servir à vous faire connaître la condition humaine; il ne faut point attendre du ciel des dons prématurés. Mais je dois vous dire que les prêtres vous instruiront eux-mêmes pendant trois mois avant de vous interroger.

— Oh! je vous promets, cher Amédès, dit Aménophis, de bien profiter de leurs leçons.

— Je le crois fermement, repartit Amédès. Mais il est temps de nous reposer un peu, que nous prenions le parti de retourner sur nos pas ou d'aller plus loin.

Alors ils s'assirent tous deux sur un banc de pierre qui régnait autour du puits, et Aménophis considérait avec admiration ces ouvrages souterrains d'une grandeur si merveilleuse, inconnus à la plupart des Égyptiens mêmes. Aussi ne parlait-il qu'avec une sorte d'exaltation de la magnificence des rois ses aïeux, qui avaient su achever des travaux si extraordinaires.

— Cher Aménophis, répondit le gouverneur, sans doute ces ouvrages, considérés en eux-mêmes, sont dignes de la plus haute admiration. Mais ne pensez-vous point aux peines qu'ont dû souffrir ceux qui les ont exécutés de leurs propres mains?

— Je reconnais, dit Aménophis, que j'ai porté un faux jugement en louant avec excès ces grandes constructions.

— Mais je vois avec plaisir, reprit Amédès, que votre réflexion condamne ce jugement enthousiaste. N'en doutez pas, mon fils, vous voyez ici le sang et la substance d'une infinité de malheureux qui ont consumé leurs biens ou leurs personnes à tous ces travaux. Il y est même péri des milliers d'hommes par suite de l'éboulement des terres. C'est en vain que le puissant Sésostris, ce roi à qui l'Égypte est d'ailleurs redevable d'une partie de sa gloire, a fait graver sur les monuments superbes dont il a orné la ville de Thèbes, qu'il n'y a fait travailler que des esclaves étrangers; cela seul ne le justifierait pas:

car, bien que la condition des esclaves soit de servir,
on doit toujours se souvenir qu'ils sont hommes, et
ne les exposer qu'en des occasions rares et pressantes, ou à des fatigues excessives, ou à des périls iné-
vitables. Mais à l'égard des prisonniers faits à la
guerre, c'est une barbarie qui règne encore chez
toutes les nations, que de réduire à l'esclavage des
personnes de condition libre et souvent de très-haute
naissance, parce qu'on les a capturés dans des ba-
tailles ou dans des prises de villes. De cette sorte,
nous ne sommes pas sûrs, vous et moi, d'échapper
à cette triste condition de la guerre. Ne pouvons-
nous pas, au premier combat où nous nous trouve-
rons en présence des armées ennemies, tomber entre
leurs mains et nous voir assujettis aux traitements
les plus indignes? Ne manquez pas, Aménophis, de
donner au monde un exemple contraire à celui-là,
dès la première victoire que vous aurez occasion de
remporter sur des nations dont on pourrait du moins
se faire de fidèles alliés. Mais je reviens aux travaux
énormes qui sont ici sous vos yeux. Sachez que
Chéobus, huitième roi de Memphis, qui fit construire la grande pyramide, dont tout ceci est une
dépendance, fut exclu, à son jugement funèbre, du
propre tombeau qu'il avait fait construire, et fut

ainsi puni de sa vanité et de son entreprise tyranni-
que par la honte de son intention frustrée. Ses successeurs, qu'on n'a pas désapprouvés comme lui, se
sont prévalus de sa folie pour faire placer leurs sépultures dans un lieu déjà destiné à cet usage. Car,
enfin, quoiqu'il faille condamner toutes les entre-
prises des rois qui ont pour résultat la vexation de
leurs sujets, il leur est permis d'employer le superflu
de leurs richesses à donner des preuves de leur magnificence. Ils sont même très-louables de faire valoir l'industrie des uns et d'occuper l'oisiveté des
autres. Ainsi, au lieu que les dépenses vaines d'un
roi jettent la misère dans ses États, les dépenses sages y sèment l'abondance. Les rois d'Égypte se sont
immortalisés par les travaux qu'ils ont faits au sujet
des inondations du Nil, et l'on dirait qu'ils ont regardé toute l'Égypte comme une seule maison de
plaisance, qu'ils avaient à cœur de mettre en valeur,
d'embellir et d'entretenir. Cependant, pour finir
sur cette matière, l'usage que vous voyez qu'on
fait d'une partie de ces souterrains pour le culte
des dieux, m'engage à vous demander si vous n'ap-
prouvez pas ces travaux, quelque excessifs ou périlleux qu'ils aient été, maintenant qu'ils ont un
objet si noble et si saint? Répondez-moi comme

si les prêtres eux-mêmes vous adressaient cette question.

— Je ne crois pas, répondit Aménophis, qu'il soit permis de tourmenter des hommes sous prétexte d'honorer les dieux, et je me persuade que c'est mal connaître les auteurs et les bienfaiteurs du genre humain que de leur offrir de telles victimes; mais je sens en même temps qu'on ne saurait mieux réparer la faute de nos pères qu'en employant au culte des dieux les monuments mêmes de la tyrannie, comme je vois qu'on le fait aujourd'hui.

— Mon fils, dit Amédès, des réponses comme celles-là faciliteront extrêmement votre initiation.

Cette conversation avait été entendue à l'insu d'Aménophis, parce que les prêtres, avertis par le bruit que rendait la porte à deux battants, venaient aussitôt reconnaître, à travers des ouvertures pratiquées dans la muraille, ceux qui arrivaient au fond du puits, afin de préparer toutes choses pour les recevoir s'ils voulaient passer outre.

Après une halte d'une heure, Amédès se leva le premier :

— Mon fils, dit-il à son élève, voilà, du côté du Nord, la porte par laquelle nous sommes entrés, et par où nous pouvons remonter ensemble, ou bien voilà, du côté de l'Orient, une autre porte qui vous conduira dans des lieux encore fermés pour vous.

Avant de s'engager dans le chemin qui lui était indiqué, Aménophis lut, à l'entrée, une inscription en lettres noires tracées sur un marbre très-blanc; elle était ainsi conçue :

« Quiconque fera cette route seul et sans regarder derrière lui, sera purifié par le feu, par l'eau et par l'air; et s'il peut vaincre la frayeur de la mort, il sortira du sein de la terre, il reverra la lumière, et il aura droit de préparer son âme à la révélation des mystères de la grande déesse Isis. »

CHAPITRE VII.

Aménophis subit avec honneur plusieurs des épreuves prescrites pour l'initiation. — Explications relatives à quelques circonstances de ces épreuves.

A seule lecture de cette inscription renvoyait la plupart de ceux qui avaient osé descendre au fond du puits. Mais l'intrépide Aménophis, animé d'ailleurs par la curiosité, saisit la lampe entre les mains d'Amédès. Celui-ci la lui donna, non sans l'avertir toutefois de joindre la sagesse au courage. Cependant Amédès le suivait de loin sans qu'il s'en doutât. C'était la règle établie : parce que si le cœur venait à faillir à l'aspirant avant qu'il fût arrivé à la première épreuve, son conducteur devait le ramener, lui faire remonter le puits et le reconduire à la fenêtre de la pyramide par laquelle il était entré. Là il lui conseillait de taire pour son honneur une entreprise dans laquelle il avait montré si peu de courage, et l'avertissait de ne se présenter jamais dorénavant à l'initiation, ni à Memphis, ni à aucun autre des douze temples de l'Egypte auxquels seuls était confié le soin de l'administrer.

Mais toutes ces formalités ne devaient point concerner Aménophis. Il suivit le chemin tracé devant lui, chemin d'une longueur excessive, car il faisait plus d'une lieue dans le souterrain sans offrir rien de nouveau dans toute son étendue. Il arrive enfin à une petite porte en fer, et deux pas plus loin, il aperçoit trois hommes armés, dont le front était couvert d'un casque surmonté d'une tête d'Anubis.

— Nous ne sommes pas ici pour vous arrêter, lui dit un de ces trois hommes ; continuez votre route si les dieux vous en ont donné le courage, mais si vous avez le malheur de revenir sur vos pas, nous serons-là pour nous saisir de vous. Vous êtes encore libre de vous retirer ; mais une fois le seuil franchi, vous ne sortirez jamais de ces lieux, à moins que vous n'en sortiez sur le champ par le passage que vous vous ferez devant vous, sans tourner la tête et sans reculer.

Ces paroles n'arrêtent point Aménophis ; il avance toujours ; un moment après il aperçoit à l'extrémité du chemin la lueur d'une flamme très-blanche, et très-vive qui vient de s'allumer. Il double alors le pas pour s'en approcher. Le chemin aboutissait à une chambre voûtée qui avait plus de cent pieds de long et de large ; à droite et à gauche se montraient deux bûchers composés de toutes sortes de bois odoriférants et résineux : la flamme s'élevait jusqu'à la voûte et se recourbait en forme de serpent, de sorte que l'espace qu'elle occupait ressemblait à une fournaise ardente. Entre les deux bûchers, se trouvait à terre une grille de fer rougie par l'action du feu. Cette grille, formée de losanges, avait huit pieds de large et trente pieds de long. Les losanges ne laissaient guère entre eux que la place nécessaire pour poser le pied. Aménophis comprit qu'il ne pouvait aller plus avant que par cette route ; il s'élance hardiment entre les deux haies de flammes, tout en faisant attention à l'endroit où il posait le pied.

Sorti tout triomphant de cette première épreuve, il continue sa route le cœur plein de joie et d'espérance. Mais, à quelques pas plus loin voilà qu'il rencontre un canal de plus de cinquante pieds de large, qui entrait d'un côté dans cette chambre souterraine à travers des barreaux de fer et qui en sortait de même de l'autre côté. Les eaux de ce canal roulaient à grand bruit. Aménophis aperçut, à la clarté

des flammes du bûcher, au delà du canal une arcade
au dedans de laquelle se montraient des marches,
dont les plus hautes se perdaient dans les ténèbres.
Aménophis jugea que c'était là la porte par laquelle
il devait revenir au jour.

Dans l'appréhension que la lumière du bûcher ne
lui manque avant qu'il ait atteint l'autre bord, il
prend un tison flamboyant pour rallumer sa lampe
que la raréfaction de l'air avait éteint au milieu des
flammes. Il se dépouille à la hâte de ses vêtements,
il les met sur sa tête après les avoir liés avec sa
ceinture, dont les bouts passés par-dessous ses bras
venaient se rattacher sur sa poitrine ; et, en cet
état, il traverse le canal à la nage, tenant toujours
d'une main sa lampe allumée.

Sur l'autre rive, Aménophis ne mit pas beaucoup
de temps à reprendre ses habits et montant les
marches de l'arcade qu'il avait devant lui, il arriva
sur un pallier assez étroit. Le plancher était une
sorte de pont-levis qui tenait par deux fortes pen-
tures, à des gonds scellés dans la plus haute marche
de l'arcade, de sorte que le pont-levis semblait
baissé pour recevoir Aménophis. Les murs qu'il
avait à ses côtés étaient d'airain et servaient d'appui
à deux grandes roues de même métal, placées l'une

à droite et l'autre à gauche. Leurs moitiés inférieures,
s'abaissaient derrière les murs, et leur partie supérieure qu'on pouvait voir, était chargée d'une grosse
chaîne de fer. Le dessus ou le toit du pallier présentait
à l'élévation de quinze pieds trois cavités ténébreu-
ses, telles que le présenterait l'intérieur de trois
grandes statues vues par-dessous.

Aménophis vit alors devant lui une porte toute
couverte de l'ivoire le plus blanc, et garnie dans le
milieu de deux lisières d'or qui marquaient que la
porte, qui n'avait aucune armure en dehors, s'ouvrait en dedans à deux battants.

Le jeune prince, ayant mis à terre sa lampe, tenta
deux ou trois fois d'ébranler cette porte ; mais ce fut
bien vainement. Enfin au linteau de la porte, où
les extrémités du pont-levis semblaient être suspendues par deux fortes chaînes, étaient aussi attachés deux gros anneaux d'acier poli, qui brillaient
à la lueur de la lampe comme le plus fin diamant.
Aménophis y porta les mains pour essayer si, par ce
moyen, il pourrait ouvrir la porte. Mais le premier
mouvement qu'il donna à ces anneaux, fit lever la
détente des deux roues qui, emportées par un poids
énorme suspendu à leurs chaînes, produisirent plusieurs effets fort effrayants. Le pont-levis s'éleva

par l'extrémité la plus voisine de la porte, de sorte que le jeune prince n'eut que deux partis à prendre ou celui de regagner les marches et de reculer, contrairement à la loi prescrite, ou celui de s'attacher aux anneaux. Mais le linteau même de la porte que tenait Aménophis s'éleva bientôt avec lui et en le tenant suspendu. La lampe glissant sur le pont-levis s'étant renversée, le laissa dans l'obscurité la plus complète, au milieu du bruit épouvantable que faisaient les deux roues, et qui était tel que le plus hardi n'aurait pu s'empêcher de croire que cent machines de fer ou d'airain allaient se briser sur lui.

Ce mouvement, qui dura environ une minute, éleva le jeune prince à une hauteur qui lui sembla prodigieuse, et il tomba tout à coup comme dans le fond d'un précipice. Mais les choses étaient arrangées de manière que la chute ne fut pas périlleuse. C'était là la dernière et la plus difficile épreuve à soutenir pour son imagination étonnée.

Dès qu'Aménophis fut retombé à l'endroit où la machine l'avait pris, les deux battants de la porte d'ivoire s'ouvrirent par une dernière détente, et lui laissèrent voir un lieu éclairé par une vive lumière. Il aperçut alors le bœuf Apis à travers les barreaux de son étable qui répondait au fond du sanctuaire du temple des trois divinités à Memphis. Ce ne fut pas sans une grande surprise qu'il reconnut qu'il sortait de dessous le piédestal creux de la triple statue devant laquelle on avait fait tant de prières pour le rétablissement de la feue reine, sa vertueuse mère.

Il fut reçu par les prêtres, formant deux haies dans le fond du sanctuaire. Le grand-prêtre, l'embrassant d'abord, le loua de son courage et le félicita de l'heureux succès de ses épreuves. Il lui présenta ensuite une coupe pleine de l'eau du canal qu'il venait de traverser à la nage. Pendant que le jeune prince buvait, le grand-prêtre lui dit : « Que cette eau soit un breuvage de Léthé ou d'oubli à l'égard de toutes les maximes fausses que vous avez ouïes de la bouche des hommes profanes ! »

Puis le faisant tourner du côté de la triple statue, il lui ordonna de se prosterner, et prononça sur lui ces paroles :

« Isis, ô grande déesse des Egyptiens, donnez votre esprit au nouveau serviteur qui a surmonté tant de périls et de travaux pour se présenter à vous, rendez-le victorieux aussi dans les épreuves qui attendent son âme, en le rendant docile à vos lois, afin qu'il mérite d'être initié à vos mystères. »

Tous les prêtres ayant répété les premières paroles

de cette prière, on fit relever Aménophis, et le grand-prêtre lui présenta une autre coupe contenant une liqueur, en lui disant :

« Que ceci soit un breuvage de Mnémosyne ou de mémoire pour les leçons que vous recevrez de la sagesse. »

Là se bornèrent les cérémonies de cette journée. Le grand-prêtre remit Aménophis entre les mains d'Amédès qui se trouva être derrière lui et qui le conduisit dans un appartement de la maison des prêtres, dans lequel il trouva tout ce qui lui était nécessaire, comme ne devant plus sortir des lieux saints qu'il ne fût initié.

Quelque joie qu'eût Aménophis d'avoir bien jugé de tout ce qu'il avait eu à faire dans des épreuves où il fallait apporter autant de présence d'esprit, que de fermeté, sa joie approchait à peine de celle de son gouverneur qui, étant chargé d'un dépôt si précieux, avait eu la force de risquer la vie même de ce jeune prince pour lui procurer le bienfait de l'initiation. Ce qui l'avait déterminé à consentir à satisfaire la curiosité de son élève, c'était la crainte qu'Aménophis ne fût bientôt obligé de quitter Memphis par suite de la jalousie de sa belle-mère, et qu'ainsi l'occasion ou le temps de le faire initier ne revînt jamais.

Sans des raisons si pressantes, le sage Amédès n'aurait pas sans doute exposé un jeune homme de seize-ans à des dangers ou à des incertitudes qui avaient embarrassé des hommes de cœur et très-expérimentés. Mais avant d'aller plus loin, il faut expliquer quelques-unes des circonstances des épreuves dont il vient d'être parlé.

Quand l'aspirant, après avoir franchi la petite porte fermée, revenait sur ses pas, les trois hommes apostés en cet endroit, et qui étaient des officiers du second ordre, le saisissaient et le faisaient entrer par cette porte dans les temples souterrains d'où il ne sortait jamais, parce qu'on ne voulait point qu'il pût divulguer ce qui avait trait à la nature des épreuves. Il en était de même à l'égard de ceux qui n'osaient passer le canal à la nage. Ces officiers ne manquaient pas de secourir de tout leur pouvoir ceux qui couraient le danger de se brûler ou de se noyer. Mais ensuite ils les renfermaient en lieu de sûreté. Dans la suite, ces captifs, dont la réclusion n'avait d'alleurs rien de pénible, pouvaient devenir, s'ils le voulaient, officiers du second ordre dans ces temples souterrains ; ils pouvaient même épouser les filles de ces officiers. Mais, avant toutes choses, on les obligeait de faire savoir leur état à leur famille, par la formule suivante qu'ils écrivaient et figuraient de leur main.

« Pour avoir tenté une entreprise téméraire, les dieux justes et miséricordieux me retiennent pour jamais dans une prison douce et paisible; craignez et aimez les dieux. »

Cette formule les faisait regarder comme morts, et délivrait leur famille de tout engagement à leur égard. De leur vie, en effet, les captifs des souterrains ne parlaient à aucun profane. Les autres officiers du second ordre, enfants de ces derniers, avaient la liberté, non de changer d'état, ce qui n'était permis à aucun Egyptien, mais de servir à leur tour dans les temples supérieurs, et même de parler à tout le monde comme les prêtres, parce qu'ils étaient obligés au secret par un serment qu'on ne daignait pas exiger de ceux qui, ayant succombé dans leurs épreuves, s'étaient, disait-on, manqué de parole à eux-mêmes.

A l'égard de la dernière épreuve, le bruit des roues dans les ténèbres semblait annoncer véritablement la présence de la mort. Mais ce bruit avait aussi pour but d'avertir les prêtres qui attendaient l'aspirant dans le sanctuaire, d'abaisser sur le champ tous les voiles sur les ouvertures qui en permettaient la vue au peuple; de sorte que les gens du peuple,

s'il s'en trouvait quelques-uns dans le temple, igno-
rant absolument ce qui se passait, s'imaginaient que
c'était un bruit de tonnerre annonçant aux prêtres
l'arrivée prochaine d'une divinité qui voulait sans
doute leur dévoiler quelque mystère.

Aménophis eut, pour se reposer, là journée entière
et la nuit suivante. Mais il ne devait point sortir de
son appartement pendant tout ce temps-là. Le lendemain, les prêtres vinrent lui annoncer qu'il allait
commencer un jeûne qui devait durer quatre-vingt-un
jours, à différents degrés d'austérités. Il ne devait boire
que de l'eau pendant toute la durée de ce jeûne. Dans
les deux premiers mois il ne devait manger que du
pain, à discrétion cependant, avec des fruits crus ou
seulement séchés au soleil. Les vingt-un jours
suivants le jeûne devint plus sévère, surtout dans
les derniers neuf jours, où le prince ne devait
avoir pour nourriture que de l'eau et dix-huit onces
de pain par journée. De plus, il ne devait coucher
que sur un lit découvert garni seulement de sangles
de papyrus bien tendues, d'un oreiller et de deux
draps de lin. Il ne pourrait dormir couché que six
heures, mais on lui donnerait à midi une heure pour
dormir assis. Voilà tout ce qui regardait la purification du corps.

Aménophis, préparé de longue main à toutes sortes de privations, n'eut aucune peine à supporter cette première partie de l'initiation. Les deux autres étaient la purification de l'âme et la manifestation.

CHAPITRE VIII.

Épreuves morales auxquelles est soumis le prince Aménophis. — Questions qui lui sont proposées relativement au véritable héroïsme. — Arrivée d'un nouveau personnage.

CHEZ les anciens Egyptiens, les initiations aux mystères étaient une école pratique de religion et de vertu, instituée pour apprendre aux hommes à vivre selon les principes de la raison et de la sagesse. La purification consistait en deux parties : l'invocation et l'instruction. L'invocation se réduisait à assister une heure le matin et une heure le soir aux sacrifices offerts en présence de tout le peuple : mais l'aspirant était placé dans une sorte de tribune où il ne pouvait ni voir ni être vu. L'instruction embrassait de plus grands détails. L'aspirant était averti d'abord qu'on lui parlerait principalement des devoirs de sa condition et que son examen ne roulerait que là-dessus. Les prêtres faisaient pour lui deux conférences par jour. Dans celle du matin, l'un d'entre

eux expliquait pendant une heure les principes généraux de la religion égyptienne. Il établissait la no-
tion d'un Dieu unique qui avait conçu le monde par
son intelligence avant de le former par sa volonté. Il
ajoutait que les divinités subalternes étaient aussi des
esprits dont le Dieu suprême jugeait à propos d'employer le ministère dans le gouvernement de l'univers. Il n'oubliait pas l'esprit tentateur des hommes
et perturbateur de la nature, représenté par Typhon,
par les mauvais génies, par les animaux malfaisants
et les plantes vénéneuses. Il descendait de là à l'explication des cérémonies que l'on pratiquait pour im-
plorer la faveur des dieux bienfaisants, ou pour
détourner la colère du génie du mal. Les origines
physiques et historiques des dénominations de ces
dieux secondaires et des variétés de leur culte, étaient
exposées par les prêtres d'une manière si savante et si
curieuse, qu'Aménophis ne pouvait s'empêcher de
porter envie à ces hommes qui, étant affranchis de
tous les embarras de la vie, pouvaient se donner
tout entiers à des études si profondes et si satisfai-
santes.

La conférence du soir durait une heure et demie.
On n'y traitait que de la morale. L'aspirant n'y prenait jamais la parole. Mais, dans les entretiens fa-

miliers que les prêtres avaient entre eux deux fois le jour, on lui laissait dire tout ce qu'il voulait, non sur la religion, mais sur la morale; et l'on tâchait de satisfaire soit à ses questions, soit à ses objections.

Cette liberté, qui durait quarante-deux jours, permettait à l'aspirant de faire connaître le fond de son âme, et de raconter même plusieurs actions de sa vie qu'il croyait glorieuses pour lui; et les prêtres, de leur côté, apportaient une grande attention à étudier son caractère et ses inclinations. Car, au lieu que dans les autres écoles, un seul maître instruit plusieurs disciples, ici tout le collége des prêtres s'occupait d'un seul aspirant.

Lorsque le soir du quarante-deuxième jour fut arrivé, on avertit Aménophis que le lendemain commencerait un silence absolu de dix-huit jours complets, pendant lesquels il ne devait même faire aucun signe qui représentât sa pensée, pour quelque raison que ce pût être. Mais, dès le second jour de sa retraite, Aménophis avait eu la précaution de se procurer un certain nombre de livres convenables, avec des tablettes et un style pour écrire. Il avait conçu qu'il s'instruirait mieux par ses visites fréquentes aux prêtres, que par le recueillement et la lecture. Il avait déjà copié tout ce qu'il avait pu retenir des conférences de morale, et il avait tâché de remonter par la méditation aux principes de toutes les questions particulières, de sorte qu'il s'était mis en état de prévenir dans son esprit toutes les réponses qu'il entendait donner par le prêtre qui tenait la conférence, aux questions et objections que lui adressaient ses collègues. Dans les conversations familières, il avait pu lui-même faire admirer la justesse et la modestie de ses propres décisions.

Cependant l'époque du silence absolu arriva. Aménophis se conforma ponctuellement à la règle établie pour les autres aspirants. Il se rendait à chacun des exercices, sans qu'on vînt le chercher comme auparavant. Les jardins lui étaient toujours ouverts ; mais il ne devait faire attention à personne, ni homme, ni femme ; et il se trouvait comme seul dans une maison remplie de tant de monde. On ne lui rendait plus aucune espèce de service. Le prêtre qui lui signifia ce nouveau règlement, ajouta :

— « Vous observerez cette loi avec la dernière rigidité. On excuse avec indulgence quelques légères irrégularités qu'on a remarquées dans les quarante-deux jours précédents. Mais je vous préviens que la moindre violation à l'égard de la règle qui vient de vous être prescrite, vous ferait perdre la liberté pour le reste de votre vie. »

Aussitôt le prêtre, sans attendre aucune réponse d'Aménophis, emmena avec lui Amédès qui n'avait pas encore quitté le jeune prince, et le laissa, comme on peut le croire, dans un triste isolement. C'était une situation de l'âme que les prêtres voulaient faire éprouver aux aspirants, pour leur ménager le mérite de s'en relever avec courage, car ils n'avaient nullement le dessein d'exécuter leurs menaces ; et ils fermaient volontiers les yeux sur la faiblesse de ceux qu'ils jugeaient dignes d'ailleurs de l'initiation.

Aménophis fut vivement affecté de se voir séparé de son gouverneur, à qui il ne donnait plus d'autre nom que celui de père. Mais dans son délaissement, il rappela dans son esprit la véritable situation de sa fortune, qu'il n'avait pas encore eu l'idée d'envisager. Il se ressouvint de sa mère qu'il avait perdue, et de la succession au trône qu'il était menacé de perdre ; et, la nature l'emportant, il ne put retenir un torrent de larmes. Mais, considérant ensuite l'inutilité et la faiblesse d'un pareil soulagement, il s'arma de résolution et de constance ; et il osa se promettre à lui-même qu'en quelque accident de la vie qu'il pût se trouver, il ne chercherait point sa consolation dans les pleurs, et qu'il regarderait toujours la vertu comme le seul bien et le seul soutien de l'homme.

Le lendemain, un peu après son lever, trois prêtres entrèrent dans sa chambre; leurs visages étaient très-sévères; Aménophis trouva bien pénible que des hommes qui lui marquaient auparavant toute sorte d'amitié et de complaisance, parussent devant lui comme des juges formidables. Ils vinrent pour lui reprocher les dispositions défectueuses ou vicieuses qu'ils avaient remarquées dans ses discours ou dans ses actions. Ainsi, ils l'étonnaient étrangement, en lui rappelant ses actions passées qui avaient pu mériter quelques censures, et lui faisaient des réprimandes proportionnées à la gravité du cas, sans qu'il lui fut permis seulement d'ouvrir la bouche. Ils lui défendaient même de perdre son temps à se défendre par écrit; mais ils prenaient toutes les précautions imaginables pour ne lui rien imputer qui ne fût vrai. Ils lui reprochèrent aussi les larmes qu'il avait versées la veille, ne croyant pas être vu. Ils lui dirent sur ce sujet les choses qu'il s'était déjà dites à lui-même; puis ils se retirèrent et ne revinrent plus.

Vers le soir du dernier jour de silence, les trois prêtres entrèrent chez Aménophis avec un visage serein. Ils lui dirent qu'une des plus salutaires ins-

tructions que l'homme sage puisse recevoir, c'était
celle qu'il tirait de ses propres fautes; qu'il fallait
s'en repentir et s'en corriger, mais non point en
concevoir une fausse honte qui portât au décourage-
ment et à l'inutilité. Ils ajoutèrent qu'on avait admis
à l'initiation des coupables, mais que leur histoire
ne fournissait pas encore, du moins en Égypte, un
seul exemple d'initiés qui, depuis leur engagement,
eussent déserté la route de la plus haute vertu. Ils
allèrent jusqu'à lui dire que les initiés étaient des
hommes de choix, qui ne parvenaient à cet honneur que par un mérite rigoureusement éprouvé.
Ils l'avertirent ensuite qu'à commencer du lendemain, où il reprendrait l'usage de la parole, on lui
donnerait douze jours pour recueillir, ou par écrit,
ou dans sa mémoire, tout ce qu'il avait appris dans
les conférences qu'il avait entendues ou dans les lectures qu'il avait faites, afin de se préparer à répondre
à trois questions de morale qu'on devait lui proposer
à l'expiration de ce terme.

Aménophis fut émerveillé des discours aussi solides qu'éloquents qu'il entendit durant les derniers
jours de son noviciat. Il disait à Amédès, qui lui avait
été rendu :

— Mon père, d'où vient que les prêtres m'ont

parlé si légèrement de ces derniers discours que j'allais entendre? C'est là sans doute une de leurs épreuves les plus délicates. Ils voulaient essayer si j'aurais du goût pour la vertu, si sa lumière attirerait mes regards, si je serais sensible à ses charmes. Ah! je n'ai point vécu jusqu'à présent; il n'y a que le véritable initié, l'homme vertueux, qui connaisse la sublimité de son être et jouisse entièrement de son âme. Tous ceux qui s'attachent à d'autres objets ne sont pas dignes d'être hommes. Bien loin que ces derniers discours soient indifférents, comme les prêtres semblaient me l'insinuer, je n'ai qu'à m'en nourrir pour répondre à toutes les questions qu'on pourra me faire. Je parlerai de source; et il ne s'agira plus que de conformer la suite de ma vie à mes réponses. Mais, mon père, j'ai été bien aveugle de ne pas apercevoir en vous-mêmes ces vertus sublimes dont on me fait un si riche tableau. C'est sans doute cette simplicité et cette indulgence dont se forme le caractère du véritable initié qui m'avaient dérobé une partie de votre rare mérite. Le roi mon aïeul et la reine ma mère avaient bien su percer ce voile modeste lorsqu'ils vous ont pris pour conseil et pour ministre.

— Mon fils, répondit Amédès, je m'estimerais

heureux de n'avoir pas déshonoré le titre d'initié que je porte; mais ce titre, c'est un autre que moi qui doit lui donner tout son lustre. La grandeur de votre naissance vous impose des lois plus étendues, et vous donne aussi de plus grandes facilités qu'à moi pour la pratique des vertus éminentes et des actions généreuses. J'ai tâché de joindre à la vigilance qu'un gouverneur peut apporter à une éducation particulière l'émulation qu'un élève ne contracte ordinairement que dans une éducation publique. Mais les sciences ne sont rien en comparaison de la vertu. Qui pourrait mieux vous parler de celle-ci que les prêtres, ces hommes consommés dans la connaissance des lois divines et humaines? A quelle occasion devaient-ils vous parler de la vertu d'une manière plus approfondie qu'en vous préparant à l'initiation? Ce privilége, qui a été désiré par les plus grands hommes, et qu'ils ont regardé comme le couronnement d'une longue suite d'actions merveilleuses, devient une partie de votre éducation, et par conséquent, mon fils, vous engage à commencer par où ils ont fini. »

A l'expiration des douze jours, le grand-prêtre, accompagné de plusieurs prêtres, entra, dès le matin, dans l'appartement d'Aménophis, et lui dit :

— Mon fils, je viens vous proposer les trois questions auxquelles vous devrez répondre dans neuf jours. Toutes nos instructions, et même toutes nos lectures sont suspendues jusqu'au jour fixé pour vos réponses. Jusque-là il ne vous sera permis de parler en particulier à aucun de nous. C'est aux dieux seuls que vous devez demander désormais les lumières dont vous avez besoin. Vous coucherez, pendant ces neuf jours, dans le sanctuaire, derrière la statue des trois divinités, afin que la déesse Isis vous instruise, s'il se peut, dans vos songes mêmes. Tous les jours on lui fera, à votre réveil, et avant que les portes du temple soient ouvertes au peuple, un sacrifice pour la prier de répandre sa sagesse dans votre âme. D'ailleurs, vous passerez dans le temple tout le temps que vous jugerez nécessaire. Vous pourrez aussi vous livrer à la méditation dans nos jardins, et y préparer vos réponses. Voici maintenant nos trois questions : Quelle est la première vertu du héros? L'héroïsme consiste-t-il à dépasser les bornes du devoir? Est-il héroïque de sacrifier son honneur même, à l'intérêt de sa patrie ou à l'utilité du genre humain? »

Le grand-prêtre, ayant répété distinctement ces trois questions, se retira avec les prêtres qui l'avaient accompagné.

Aménophis, demeuré seul, commença par écrire les trois questions, de peur de les oublier. Se souvenant alors que les prêtres lui avaient très-peu parlé des devoirs d'un souverain, il en conclut qu'ils avaient du moins un pressentiment qu'il ne serait jamais roi, et qu'il ne lui resterait que d'être un héros. Il gémit un moment de la faiblesse de son père qui l'abandonnait ainsi; mais il ne tarda pas à se résigner à la destinée que lui faisaient les dieux, et se promit, avec leur secours, de la remplir.

Dès ce moment, un silence profond régna dans toute l'étendue de la maison. Pendant les neuf jours fixés, les prêtres et toutes les personnes qui habitaient cette vaste demeure affectaient de ne pas se parler en présence d'Aménophis; ils ne se parlaient même en son absence qu'à l'oreille et que pour des choses d'une pressante nécessité.

Aménophis avait déjà employé cinq jours entiers à la préparation de ses réponses, lorsqu'on vint avertir le grand-prêtre qu'il y avait à la porte du temple un jeune Carthaginois qui, à son air et à son équipage paraissait un homme d'un haut rang. Il disait publiquement qu'il avait été condamné, par le sénat de sa ville, à venir à Memphis demander l'expiation de la mort de son frère, qu'il avait eu le malheur de tuer dans une bataille. Le lecteur saura, dans le chapitre suivant, quel était le jeune Cartha-ginois dont il est ici question.

CHAPITRE IX.

Saphon raconte son histoire et son crime devant les prêtres
assemblés. — Discours d'Aménophis ; comment il définit la
vertu sublime et les devoirs du héros en condamnant la
conduite de Saphon.—Ses paroles méritent les
éloges unanimes du collége sacerdotal.

E jeune Carthaginois ne voulait se faire
connaître qu'au grand-prêtre, dans la
pensée sans doute de s'attirer plus d'é-
gards par cette préférence ; il ne connaissait
pas encore le caractère de ces hommes in-
flexibles, qui, dans les pratiques de religion,
ne faisaient acception de personne. Le grand-
prêtre lui envoya dire que ce n'était point dans le
temple qu'il pouvait le recevoir, et qu'il eût à se
présenter à la porte de la demeure sacerdotale ; il
ajouta que cependant il aurait pu se dispenser de
publier lui-même une action qui avait besoin d'être
expiée, et que c'était aux prêtres seuls qu'il en devait
venir exposer les circonstances.

Le Carthaginois, plus honteux de cette réprimande que de l'exploit odieux dont il s'applaudissait au fond de l'âme, se laissa conduire à la porte de la maison des prêtres. On l'y introduisit seul, en annonçant à toute sa suite qu'elle n'aurait de ses nouvelles que trois jours après. Le grand-prêtre qui l'attendait au milieu de ses collègues, lui dit sans lui laisser le temps de parler :

— Avant de m'informer si vous avez tué votre frère volontairement ou par hasard ; avant de demander si vous avez commis un véritable assassinat, ou si ce meurtre était couvert du prétexte du bien public ou de votre défense particulière, nous regardons tous comme une grande marque de la colère des dieux sur vous, l'occasion funeste qui vous a conduit à faire un coup si malheureux et si dénaturé. Vous passerez trois jours dans une étroite prison, où l'on ne vous donnera que la nourriture nécessaire à votre subsistance. Selon les lois de l'Egypte, non-seulement celui qui tue, mais celui qui ne défend pas de tout son pouvoir l'homme qu'on attaque et qu'on veut tuer, mérite la mort. Nous ne soumettons pas les étrangers à nos lois, parce que nous savons que chez la plupart d'entre eux, l'homicide n'est puni que de l'exil ; et ce n'est pas le tribunal favorable des expiations qui juge à mort dans l'Egypte même. Mais notre règle est de tâcher d'inspirer la crainte des dieux et la terreur de leurs jugements, soit aux Egyptiens qui ne sont amenés devant nous que par des accidents ou des malheurs involontaires, soit aux étrangers qui souvent nous sont envoyés pour des crimes. Nous tâchons que les uns et les autres sortent d'ici plus modérés et plus vertueux, s'il est possible, que les innocents mêmes. Cependant, jeune étranger, préparez-vous à rendre demain un compte exact de votre action à notre collége assemblé; jusque-là, nous ne voulons rien savoir de ce qui vous regarde. Mais si la déposition que vous nous ferez demain est sincère, elle vous absoudra devant les dieux; si, au contraire, elle est fausse et mensongère, vous emporterez avec vous, malgré l'expiation extérieure à laquelle vous serez soumis, une éternelle condamnation. »

Le jour suivant, dans la matinée, des officiers du temple de Memphis vinrent prendre le Carthaginois dans sa prison, et, après l'avoir couvert d'un sac comme un criminel, le conduisirent dans une grande salle de forme ovale. Le grand-prêtre était assis au fond, ayant tous les autres prêtres à sa droite et à sa gauche, mais assis sur des siéges un peu moins élevés, comme au tribunal du Labyrinthe. Les initiés pouvaient assister à ces sortes de séances; ainsi Amédès était présent, derrière tous les prêtres, et le jeune Aménophis était assis hors de rang, un peu au-dessous des initiés. Comme il s'agissait d'un étranger qui ne pouvait le connaître, et que d'ailleurs ses épreuves étaient fort avancées, on avait pensé qu'il lui serait fort avantageux d'entendre le jugement qui serait prononcé sur une cause si importante et si singulière.

Le Carthaginois, debout et la tête découverte, parut devant ses juges, et se servant de la langue égyptienne qu'il savait parfaitement, il s'exprima ainsi :

— « Vénérable chef de ce sacré collége, et vous, prêtres de la grande Isis, vous voyez devant vous Saphon, le fils du célèbre Zoros, fondateur de Carthage. Nous étions deux frères, Giscon et moi, et quoique nous fussions jumeaux, le titre d'aîné ne m'a jamais été contesté. Cependant mon père, voulant établir de son vivant même son successeur, avait mis mon droit en doute, et avait attaché la gloire de lui succéder à une condition qu'il avait communiquée à mon frère aussi bien qu'à moi.

« Cette condition était que celui de nous deux qui, dans le cours de trois années, ferait l'action la plus héroïque, serait nommé son successeur par lui-même et par le sénat de Carthage. Je ne veux point attribuer cette idée de mon père à une prédilection en faveur de mon frère. Mais cette condition même n'était-elle pas une souveraine injustice ?

— Vous ne pouvez juger dans votre propre cause, interrompit le grand-prêtre ; poursuivez, et nous jugerons quand nous aurons tout entendu.

— J'aime mieux croire, reprit Saphon, que mon père jouissant du fruit de plusieurs victoires que j'ai remportées en son nom, et voyant ses Etats accrus de toute la Numidie que j'avais conquise les armes à la main, ne doutait point que je ne gagnasse le prix sur mon frère ; et qu'ainsi, joignant le titre du mérite à celui de la naissance, je n'acquisse par là un plus grand crédit sur les peuples que je devais gouverner.

« Mon frère Giscon était brave sans doute, mais peu entreprenant ; et ses exploits peu éclatants n'avaient rien de comparable à la gloire de trois ou quatre victoires décisives que j'ai gagnées et qui ont commencé la puissance de notre empire naissant. Dès que la proposition dont j'ai parlé nous eut été faite à l'un et à l'autre en plein sénat, persuadé que la première vertu d'un héros est la valeur, je me disposai à reprendre les armes et à continuer le cours de mes exploits.

« Vers la fin des deux premières années, j'avais
conquis au delà de la Numidie, toute la Mauritanie,
dont j'avais pris la capitale Sitifi, après un long siége.
J'espérais m'avancer dans les montagnes de l'Atlas,
en n'épargnant que le pays sacré des Hespérides, et
je comptais arriver dans la troisième année jusqu'aux
rivages de l'Océan, lorsque je fus rappelé du côté de
Carthage par une nouvelle qui m'étonna.

« J'appris à Sitifi que mon frère était passé, depuis
le jour de la proposition faite par mon père, chez
ces tribus errantes, qui venaient auparavant faire
des courses sur nos terres, et qu'il avait lui-même
tant de fois chassées au delà de nos frontières. On me
dit qu'il avait employé les deux premières années de
son absence à aller avec des périls et des fatigues
sans nombre, prêcher l'esprit d'union dans toutes
ces tribus et qu'il leur avait persuadé de s'assembler
en corps de nation policée, de bâtir des villes de distance en distance pour leur commodité commune,
et même de fonder une capitale qui serait le centre
de leur domination.

« En effet, je sus bientôt qu'on élevait en toute
hâte les murailles de la ville de Capsa, située sur
une rivière qui va se jeter dans la mer vis-à-vis de
la petite Syrte. Aussi ces peuples, nos voisins, com-

mençaient à exiger des égards de la part de leurs voisins et de nous-mêmes. Il est juste de dire, qu'occupés de leur établissement, ils avaient cessé depuis quelque temps de faire des courses dans nos campagnes. Mais vous jugez bien, ô sages prêtres de Memphis, qu'un Etat qui s'élevait ainsi à nos portes, devait être suspect au nôtre...

— Rien ne le prouve jusqu'ici, interrompit de nouveau le grand-prêtre ; poursuivez.

— Je crus qu'il était de mon honneur, de mon devoir, et de l'intérêt de Carthage, de m'opposer à la naissance de cet empire rival. Je me préparai donc à aller attaquer ce ramas de tribus dans leurs forts qui n'étaient pas encore achevés, et avant que leur milice et leur république même pût être organisée. Comme j'avais déjà une puissante armée sur pied, mes préparatifs furent bientôt faits. Dès que mon frère fut informé de ma marche, il envoya au-devant de moi des parlementaires qui se présentèrent au nom des habitants de Capsa, me déclarant que ceux-ci n'avaient nulle intention d'être en état d'hostilité avec les Carthaginois ; qu'ils avaient seulement voulu former un Etat semblable au nôtres ; que leur faiblesse devait écarter de leur part toute idée d'agression et de conquête ; qu'ils avaient

commencé à construire des forts et des places de
guerre, et qu'ils voulaient les achever, seulement
pour se défendre contre leurs voisins, s'ils étaient
assez injustes pour s'opposer à leur établissement.

« Je leur objectai, qu'il me suffisait, pour les regarder comme ennemis et même comme coupables,
qu'ils eussent pour chef, un fils du fondateur de
Carthage, qui, au lieu d'agir de concert avec son
frère pour la gloire de sa nation, détruisait l'espérance qu'elle avait formée de se rendre un jour maîtresse de toutes les terres habitables de l'Afrique,
puisqu'il fondait un empire rival de sa propre patrie, et qui, si on le laissait subsister, bornerait à
jamais la puissance de Carthage du côté du midi.

« Ils me répondirent qu'il était vrai, que c'était d'a-
près les conseils de mon frère qu'ils avaient résolu
de former une nation sage et sociable; mais que
Giscon n'avait accepté aucun titre parmi eux, et que
c'était à eux seuls que j'aurais affaire si je persistais
à leur faire une guerre qu'ils prétendaient souverai-
nement injuste. Comme il ne s'agissait pour moi
que de faire des actions héroïques, je regardai le
délai d'une négociation comme du temps perdu, et
leur dis, sans plus d'explication, que je leur rendrais
ma dernière réponse dans une bataille.

« Je marchai donc sur leurs pas avec toute mon armée. Mon dessein était de franchir les montagnes pour arriver au pied des murs de Capsa. Mais je fus prévenu par les troupes de ce nouvel Etat, qui, passant elles-mêmes les monts, se procurèrent l'avantage de ne combattre que sur nos terres.

«Ma surprise fut grande quand, du haut d'une colline encore assez éloignée de l'ennemi, je découvris une armée à peu près forte de quarante mille hommes, adossée aux montagnes, dont les défilés leur pouvaient fournir aisément de nouveaux renforts. Mais, comme j'avais cent mille soldats sous mes ordres, je me jugeai assez fort pour les attaquer. Je fis néanmoins reposer mon armée pendant un jour et une nuit derrière la colline qui la cachait encore, pensant bien qu'il faudrait livrer bataille en arrivant en présence de l'ennemi. Les troupes de Capsa avaient laissé devant elles une plaine immense, comme pour montrer qu'elles avaient autant d'envie que moi de terminer le différend dans un combat. Elles nous laissèrent le temps d'arriver, de prendre position, et de nous ranger en bataille. Mais alors, nous attaquant avec furie de front et sur les flancs, ils combattirent avec tout l'ordre et toute la fermeté de soldats bien disciplinés, et aussi avec une célérité et une adresse remarquables.

« La bataille, qui s'était engagée avant le milieu du jour, avait déjà duré cinq heures entières, et déjà nous commencions à perdre beaucoup plus de monde que l'ennemi. Je résolus d'aller droit à Giscon, que j'avais reconnu à son armure carthaginoise, et aux mouvements rapides qu'il exécutait de sa personne dans l'armée de Capsa qu'il commandait évidemment. Peut-être éprouvait-il quelque honte de se voir les armes à la main contre son père et de se souiller du sang de ses compatriotes ; car il tint constamment baissée la visière de son casque.

« Malgré la vélocité de son coursier qui le portait sur tous les points où sa présence était nécessaire, je l'atteignis enfin, et l'abordai avec ces foudroyantes paroles :

« Fils et frère perfide et traître, terminons à nous deux ce combat trop sanglant pour la patrie. Il faut que l'un de nous périsse.

« En même temps je lui portai un terrible coup d'épée au défaut de son casque ; mais il le para sans me répondre ; et il faisait un mouvement pour se porter d'un autre côté, lorsque je lui enfonçai mon glaive jusqu'à la garde au défaut de la cuirasse.

Frappé à mort, Giscon tomba au même instant sous
les pieds de son cheval. A dater de cet instant, la
face du combat changea aussitôt. Les troupes de
Capsa se retirèrent, quoiqu'en bon ordre, dans les
défilés des montagnes, et nous demeurâmes maîtres
du champ de bataille. Cependant elles faisaient bonne
contenance et paraissaient disposées à nous disputer
le passage. Mais sentant mon armée fatiguée et di-
minuée de trente mille combattants, j'abandonnai
pour cette fois le dessein de détruire les murs de
Capsa, et ramenai mes soldats à Carthage. Ainsi
malgré la défaite des ennemis et la mort de mon
frère, l'œuvre de trahison de ce dernier subsiste encore.

« De retour à Carthage, je sus que mon père ne
voulait me revoir pour la première fois que dans le
sénat. Il témoigna en ma présence aux sénateurs
assemblés que l'affliction que lui causait la mort de
mon frère, malgré son infidélité apparente, disait-il,
lui ôtait la liberté nécessaire pour porter un jugement sain sur ma conduite; qu'ainsi il s'en remettait pleinement à leur décision. On délibéra longtemps hors de ma présence; puis on me fit rentrer,
et le plus ancien des sénateurs prenant la parole,
dit :

« Le sénat ne devant juger que la forme des actions, et voulant prévenir le danger de l'exemple équivoque du prince Giscon, condamne, quoique à regret sa mémoire, comme ayant été tué les armes à la main contre son père et contre la patrie.

« Quant au prince Saphon, nous lui assurons, de l'aveu même de son père, la succession à la principauté du sénat. Mais, pour détourner de dessus lui la colère des dieux qui savent seuls le fond des choses, et en réparation du soupçon qui plane sur lui de s'être défait, sous un prétexte honorable, d'un compétiteur dangereux, il ira demander humblement l'expiation aux prêtres de Memphis, les plus renommés de toute l'Egypte, dans la science de la religion et des mœurs. »

« Voilà, vénérable grand-prêtre, et vous très-saints serviteurs des dieux, voilà le récit fidèle de mon action, et la raison qui m'amène devant votre tribunal ; je viens vous supplier de joindre à l'expiation que je demande pour le passé, vos sages instructions pour l'avenir. »

Dès que Saphon eût fini de parler, le grand-prêtre le fit asseoir sur une sellette qui était derrière lui, et prit lui-même la parole :

— « Saphon, fils de Zoros, dit-il, nous avons

depuis longtemps une très-grande estime pour votre père, ce pacifique fondateur de Carthage, dont les exploits n'ont jamais été que des bienfaits. Tous les jugements qu'on nous a rapportés de votre sénat nous ont donné une haute idée de sa sagesse. Nous révérions la vertu de votre frère avant la dernière bataille que vous nous avez racontée, et dont on ne nous avait pas encore fait la relation détaillée. Pour ce qui vous regarde, nous savions déjà par la renommée, et nous voyons par votre discours, que vous êtes un grand homme de guerre ; mais vos principes de morale ne sont pas les nôtres. Nous avons ici un jeune élève qui va prendre la parole, et vous apprendrez de la bouche d'un commençant combien les leçons de notre Déesse sont supérieures aux idées confuses et tumultueuses de la plupart des hommes, et surtout de ceux qui sont livrés à la passion aveugle de la guerre. »

Aussitôt le grand-prêtre appelle Aménophis, qui s'approche avec de grandes marques de surprise, de modestie et d'obéissance. Il le place en face du Carthaginois, et lui ordonne de faire au discours qu'il vient d'entendre la réponse que la Déesse lui inspirera. Le grand-prêtre regardait comme une coïncidence très-heureuse qu'il se ût agi d'actions héroïques dans l'histoire de Saphon et de Giscon, et il ne doutait pas qu'Aménophis n'employât dans son discours ce qu'il préparait depuis cinq jours sur les trois questions qui lui avaient été posées.

Avant que le jeune prince commençât, le grand-prêtre dit à Saphon : « La naissance de ce jeune homme le met seule en droit de vous répondre, et nous sommes tous là, d'ailleurs, pour le remettre dans la voie de la vérité et de la justice s'il lui arrivait de s'en écarter. »

Alors Aménophis commença en ces termes :

« Isis, ô grande Déesse des Égyptiens, daignez conduire ma langue, et ne lui permettez pas de rien proférer qui soit indigne des instructions que m'ont données de votre part vos sages ministres ! Il me semble, Saphon, que vous n'avez pas bien saisi le sens de la proposition que vous avait faite votre père, quand vous avez cru que l'action héroïque qu'on demandait de vous consistait à attaquer vos voisins et à les subjuguer indifféremment. Je ne touche point à la conquête que vous avez faite de la Mauritanie depuis la condition prescrite, puisque n'ayant point dit quelle raison vous a armé contre ses peuples, votre récit, auquel seul je dois m'arrêter, ne fournit pas de quoi juger si vous les avez bien ou mal conquis. Je suis néanmoins persuadé que si vous ne les avez attaqués que pour vous donner la gloire de faire une action héroïque, cette intention même a dû vous la faire manquer. Une action héroïque ne saurait avoir pour objet et pour fin la gloire de celui qui la fait; il faut nécessairement qu'elle se rapporte à l'intérêt et à l'avantage des autres.

« Vous avez exposé fort au long le motif qui vous a conduit contre les habitants de l'État de Capsa, et votre seule exposition suffit, à mon sens, pour faire voir l'injustice de votre cause, ce qui vous éloigne encore plus de l'héroïsme, puisqu'une action héroïque, partant d'un principe de vertu, il est impossible que la vertu subsiste avec l'injustice. En effet, vous avez vous-même réfuté le prétexte du danger d'un État qui s'élevait à côté du vôtre, lorsque vous avez avoué que les habitants de Capsa, occupés de leur établissement, avaient cessé de faire des courses sur vos terres. Ainsi, en vous opposant, par la considération d'un péril très-éloigné, à la naissance d'un royaume qui, par les bornes étroites de son territoire, en comparaison de l'étendue du vôtre, ne pouvait vous faire aucun ombrage, d'un royaume qui vous offrait d'ailleurs son amitié et son alliance, vous avez voulu faire rentrer votre patrie dans un mal présent et continu pour acquérir l'honneur d'une victoire utile à vous seul ; exemple funeste, que n'ont que trop souvent donné ces princes guerriers qui ont sacrifié, non-seulement des nations étrangères et innocentes, mais les biens et l'existence même de leurs propres sujets, à leur réputation particulière. Vous avez eu, ce me semble, un tort plus grave encore, celui d'alléguer aux parlementaires de l'armée de Capsa l'espérance qu'avait votre patrie de s'emparer de toutes les terres habitables de l'Afrique; car, outre que votre patrie ne doit point faire, non plus que vous, de conquêtes injustes, songez donc que les terres de Capsa ne sont devenues habitables que par les soins que leurs habitants prennent de cultiver leurs campagnes depuis qu'ils forment une nation policée. Ainsi, voulant les détruire, il n'a pas tenu à vous que votre patrie ne demeurât environnée, comme elle l'était auparavant, ou de cavernes de voleurs, ou de solitudes affreuses, et vous avez imité, du moins en cette occasion, ces conquérants qui semblent ne vouloir faire du monde entier qu'un vaste désert.

« Le principe de toutes ces erreurs est la fausse idée que vous vous êtes faite du héros, lorsque vous avez cru que sa première vertu était la valeur. La

valeur en elle-même est plutôt une disposition naturelle et avantageuse de l'âme et du corps qu'elle
n'est une vertu : on en peut faire un bon ou mauvais
usage. Elle se trouve en de méchants hommes, et
elle a quelquefois rendu méchants des hommes qui
auraient été bons sans elle. La valeur ne devient
louable et respectable que par une vertu supérieure
qui sait l'employer et la diriger. Cette vertu, dans
le sujet ou dans le citoyen, est l'amour de son prince
et de sa patrie, guidé par la simple obéissance ; dans
le prince ou le chef d'une république, c'est l'amour
de ses peuples, éclairé par la justice qu'il observe à
l'égard de ses voisins, même de ses ennemis ; dans
le héros, enfin, c'est l'amour des hommes en général, c'est l'humanité conduite par un zèle fondé sur
une vive espérance de la protection des dieux. Ainsi,
c'est cette humanité courageuse, cet amour zélé du
genre humain, qui est la première vertu du héros.
C'est la seule vue du devoir qui distingue la valeur
véritable ou vertueuse de l'aveugle fureur ou de l'injuste violence, et qui rend toujours l'héroïsme même
raisonnable.

« Mais on m'a appris qu'il y a deux sortes de devoirs, l'un d'état et l'autre d'inspiration. Le devoir
d'état regarde ceux qui, étant nécessaires à leur pa-

trie ou à leur famille, ou qui même, se défiant de leurs forces, se bornent sagement à remplir les obligations ordinaires de leur état, préférables pour le plus grand nombre des hommes à toutes les autres. Le devoir d'inspiration n'est propre qu'à ceux que les dieux semblent tirer de l'ordre commun pour les conduire à des œuvres plus sublimes en elles-mêmes, et plus utiles ou à leur patrie ou au genre humain; et ce dernier devoir, ordinairement imposé à quelques hommes par la Providence, est celui du héros. Il a besoin, pour le remplir, d'une valeur fort élevée au-dessus de celle des conquérants vulgaires. Aussi les vrais héros ou les bienfaiteurs du genre humain, ont-ils toujours passé pour les plus courageux de tous les hommes. Un cœur rempli d'une semblable inspiration, un homme touché du véritable héroïsme, ne court pas risque de s'arrêter dans sa course; et il n'est dangereux pour lui que de passer les bornes du devoir. Ainsi toute son attention est de résister à tous les mouvements d'une valeur, ou même d'une générosité outrée, c'est-à-dire qui ne tournerait qu'à sa propre gloire, sans aller au bien des hommes auxquels il a consacré ses travaux et sa vie.

« Le héros, bien loin de chercher une gloire vaine, s'expose pour le service de sa patrie ou du genre humain, aux interprétations bizarres ou aux condamnations injustes des hommes mêmes qu'il veut servir. Incapable de commettre une action lâche sous quelque prétexte d'utilité que ce puisse être, il ne sacrifie jamais l'honneur réel qui dépend de lui; mais ferme dans ses projets, il sacrifie sans peine, pour les accomplir, l'honneur apparent qui tient à l'opinion passagère des hommes envieux ou ignorants. C'est à ces traits, ô Saphon, que les vrais héros se sont fait connaître, et les exemples qu'ils nous ont tracés, doivent nous apprendre que les actions les moins brillantes ne sont pas toujours les moins héroïques. »

Aménophis ayant fini son discours, se tourna vers le grand-prêtre; celui-ci lui fit signe de reprendre sa place, et s'adressant au Carthaginois, confirma par ses paroles ce que venait de dire l'élève d'Amédès, et fit remarquer que le portrait qu'Aménophis avait fait du héros, convenait exactement à Giscon. Il engagea le prince Carthaginois à méditer en silence les vérités qui lui avaient été expliquées.

— Allez, Saphon, ajouta-t-il, étudiez les vrais principes de la morale; eux seuls sont capables de diriger votre valeur et les autres grandes qualités que vous tenez de la volonté des dieux. Allez, vous recevrez demain l'expiation corporelle, et le jour suivant, on fera sur vous le sacrifice expiatoire. »

Saphon, d'un naturel impétueux, voulut dire quelque chose pour sa justification ; mais les officiers de second ordre chargés de la garde de sa personne, l'avertirent que toute récrimination lui était interdite, et que d'ailleurs, il n'en avait pas besoin devant un tribunal de médiation et de grâce ; et ils le remmenèrent dans sa prison.

Dès que Saphon se fût retiré, le grand-prêtre demanda à ses collègues s'ils pensaient qu'Aménophis eût satisfait dans son discours aux trois questions qui lui avaient été proposées. Les prêtres, d'une voix unanime, répondirent que le jeune prince les avait parfaitement résolues, et qu'à l'occasion de l'histoire de Saphon et de son frère, il avait donné à ses réponses toute l'étendue et la précision qu'on pouvait désirer.

— Puisqu'il en est ainsi, reprit le grand-prêtre, nous achèverons le jeûne de ces neuf jours, afin d'obtenir des dieux qu'ils gravent pour jamais dans l'âme de ce jeune prince les maximes qu'ils lui ont enseignées eux-mêmes. D'ailleurs, je crois que nous pouvons affranchir notre maison du silence qui devrait encore y régner trois jours en faveur d'un autre aspirant moins digne qu'Aménophis. Ce silence même serait bien difficile à garder au milieu de toutes les cérémonies de l'expiation du Carthaginois. Je pense qu'on y peut admettre Aménophis, puisqu'il a déjà mérité par ses réponses le privilége de la manifestation. »

Les prêtres, sans en excepter un seul, approuvèrent cet avis qui était réellement fondé sur la justice.

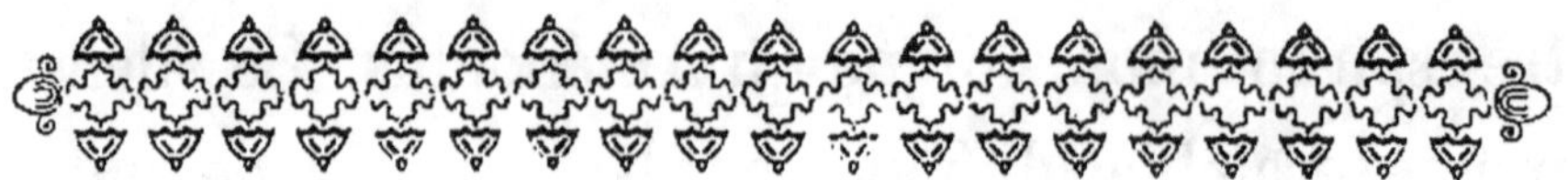

CHAPITRE X.

Saphon est soumis aux cérémonies de l'expiation. — Sacrifice expiatoire. — Apparition de Giscon comme aspirant à l'initiation.

UAND l'aurore parut, le prêtre, chef des expiations, suivi de plusieurs officiers du second ordre, alla trouver Saphon dans sa prison, qui avait une porte donnant sur le bord du canal souterrain que l'on traversait dans les épreuves de l'initiation. Cette porte était en deçà des barreaux par lesquels l'eau entrait dans le canal. On l'ouvrit au prince carthaginois, et on le fit sortir par là.

A la lueur de plusieurs torches, allumées sur l'un et l'autre bord, Saphon vit un appareil formidable de machines et de gens qui avaient sans doute mission de les faire manœuvrer. Sur le bord de son côté, était une cuve d'airain, pleine d'une liqueur un peu épaisse, et auprès de l'eau, une pièce de fer rougie au feu, de la longueur de l'homme de la plus grande taille, et ressemblant à un long tuyau coupé par la moitié dans toute sa longueur. Elle était soutenue par des pieds de fer sur un brasier ardent. L'une de ses extrémités penchait un peu du côté de l'eau. Un officier du second ordre tenait entre ses mains le bout d'une corde de la grosseur du petit doigt, qui, en traversant toute la largeur du canal se dévidait sur la circonférence concave d'une très-grande roue placée sur le rivage opposé. Cette roue était traversée à son centre par un essieu, où tenaient deux fortes manivelles que d'autres hommes se disposaient à faire tourner quand il en serait temps. Plusieurs prêtres, quelques initiés, parmi lesquels se trouvaient Amédès et Aménophis, étaient assis à droite et à gauche, non loin de la roue.

Quelque fermeté d'âme qu'eut Saphon, il ne put s'empêcher de demander au chef des expiations, le seul prêtre qui fût auprès de lui, quelle serait la nature de son supplice, afin qu'il pût s'y préparer. Le prêtre lui répondit, qu'il avait quelque raison d'appeler supplices les purifications qu'il allait subir, mais que cependant il en sortirait aussi sain qu'il y serait entré, pourvu qu'il pût s'abstenir de mouvements violents, et surtout qu'il ne se laissât pas vain-

cre par une frayeur dont on ne devait pas le soupçonner. On lui fit avaler d'abord quelques gouttes
d'une liqueur fortifiante; puis on réunit tous ses
cheveux sous une coiffe d'une toile incombustible.
Ensuite, le dépouillant de ses vêtements, on le coucha sur un linceul étendu à terre.

Alors, celui qui tenait la corde lui lia les deux
poignets croisés l'un sur l'autre, et lui étendant les
bras, il lui attacha aussi les deux pieds ensemble avec
la même corde, à laquelle il avait laissé le prolonge-
ment nécessaire pour aller des poignets jusqu'aux
pieds, sans nuire à la situation naturelle du corps.
Tout cela se faisait avec une célérité et une adresse
merveilleuses, et sans que le patient pût se plaindre
qu'on lui fît aucun mal.

En cet état, six hommes l'enlevant, et lui recommandant de fermer la bouche et les yeux, le plongè-
rent jusque par-dessus la tête dans la cuve pleine
d'une dissolution d'ail, de safran, d'huile de vers, et
de plusieurs autres ingrédients tous essentiels, mais
dont le mélange était infaillible pour garantir le patient de l'action du feu. Ces officiers, dans le peu de
temps qu'ils tinrent Saphon plongé dans la cuve,
eurent soin de changer leurs mains de place, afin
qu'il n'y eût pas un seul endroit du corps qui ne fût

oint de la liqueur. Puis on le porta sur le lit de fer ardent, et aussitôt le corps, oint comme on vient de le dire, glissa dans l'eau en un clin d'œil. Des officiers, également nus, étaient postés pour le recevoir de façon qu'il ne heurtât point contre le rivage qui était en talus : d'autres plongeaient pour le suivre, afin qu'il ne touchât jamais le fond. Cependant, la roue à laquelle tenait la corde, tournait avec un mouvement réglé pour attirer le patient dans un intervalle de temps où il ne put être suffoqué par l'eau. Il en sortit les pieds les premiers, et étant arrivé sur la roue la tête en bas, on l'y attacha avec des bandes de cuir qu'on lui passa promptement par-dessous les aisselles ; et, en cet état, on lui fit faire trois tours entiers. C'est de cette pratique que la mythologie païenne a pris l'idée de la fable d'Ixion.

Alors on délia Saphon ; on le posa sur un brancard, et il fut porté dans une chambre haute. Là les prêtres médecins lui administrèrent tous les restaurants, tous les soulagements du corps et de l'esprit dont il pouvait avoir besoin. Mais ensuite on le ramena dans sa prison, où il devait coucher encore la nuit suivante.

Ainsi l'on voit par cette description que les trois parties de l'expiation corporelle pour les criminels répondaient exactement aux trois épreuves de la purification du corps par rapport aux initiés. Il n'y avait qu'une seule différence, c'est que les aspirants subissaient leurs épreuves en toute liberté de corps, tandis que les hommes qui avaient quelques crimes à expier, toujours liés, étaient forcés par des mains étrangères de subir leur châtiment. Il est vrai aussi qu'il y avait des expiations plus douces pour des actions moins abominables que le meurtre.

Dès l'aurore du troisième jour, on commença les préparatifs du sacrifice expiatoire. Cette cérémonie se composait de deux parties principales qui avaient lieu toutes deux dans le temple, mais la première à portes fermées. C'était celle où il s'agissait d'abord d'apaiser Typhon, le génie ou le dieu du mal, que les Egyptiens regardaient comme l'instigateur de tous les crimes des hommes et l'auteur de tous leurs maux.

On amena donc derrière le sanctuaire un bœuf de pelage roux, parce que on supposait Typhon de cette couleur. Le prêtre, chef des expiations, posa la main sur la tête de la victime, et prononça ces paroles :

« Que le crime de Saphon, ici présent, que toutes les suites malheureuses qu'il devait attirer sur lui, sur sa famille et sur sa patrie, passent sur cet animal que nous vous immolons, ô Typhon, pour représenter par sa mort celle de l'homme qui est l'objet de votre haine. »

Aussitôt un coup violent, assené entre les deux cornes du bœuf, le fit tomber sur le pavé du temple ; et le prêtre, l'ayant égorgé, arrosa de son sang encore fumant le coupable toujours revêtu de son sac. Mais, au lieu que dans les autres sacrifices, les prêtres et ceux-mêmes qui avaient fait l'oblation emportassent les morceaux de la victime partagés entre eux, toutes les parties de la victime expiatoire furent jetées dans les champs.

Puis on passa à la cérémonie qui avait pour but d'apaiser les mânes du défunt. Des marchands, établis autour du temple, vendaient à ceux qui venaient demander l'expiation, des figures d'hommes et de femmes grossièrement faites, et posées sur un petit piédestal. Ces statuettes étaient d'or, d'argent ou de bronze, et leur grandeur était ordinairement de douze pouces ; il y en avait de beaucoup plus petites. Saphon, avant d'entrer, n'avait pas manqué d'en choisir une d'or entre les plus grandes ; et il devait la laisser au Temple, comme une sorte de rétribution, suivant l'usage.

Le prêtre la posa sur une table comme si elle eut

été la représentation de Giscon, et il prononça l'é-
loge de ce prince comme s'il eut parlé de la part du
meurtrier qu'on supposait toujours reconnaître les
bonnes qualités de celui qu'il avait tué. Dans cet
éloge, préparé à l'avance et écrit tout entier dans le
livre du cérémonial, le prêtre lut plusieurs circonstances particulières de la vie du défunt, qu'il tenait
d'une autre source que la déclaration du coupable,
et qui souvent frappaient Saphon d'un grand étonnement. C'était par des pratiques de ce genre, que
les prêtres Egyptiens s'étaient acquis la réputation
de connaître les choses cachées et d'avoir des révéla-
tions célestes.

Enfin on purifia l'air autour du coupable au
moyen de fumigations. Ensuite on fit entrer Saphon
dans un bain au sortir duquel on le revêtit des habits qu'il avait apporté en entrant dans la maison.
On lui présenta, aussi bien qu'aux prêtres et aux
initiés, parmi lesquels figurait Aménophis, du pain
et du vin, qu'ils mangèrent et burent en silence
dans le lieu même. Puis on fit passer Saphon dans
la nef par les côtés extérieurs du sanctuaire; mais
il était encore gardé par les officiers du second ordre.
Les enfants des prêtres entrèrent alors, les uns pour
servir à l'autel, les autres pour former des chœurs

de musique. Puis les portes du temple furent ouvertes, le peuple y entra en foule, et le grand-prêtre
offrit aux Divinités bienfaisantes, sur le devant du
sanctuaire, le sacrifice qu'on appelait pacifique, et
dans lequel on immolait un agneau d'une parfaite
blanche.nr

Avant l'ouverture des portes du temple Aménophis, qui ne devait pas encore se montrer en public,
était monté dans sa tribune. La cérémonie terminée, on emmena Saphon, qui ne devait rompre son
jeûne, ce troisième jour, qu'après le coucher du soleil, qui était encore assez éloigné.

Au moment où les prêtres allaient sortir du temple par le fond du sanctuaire, pour rentrer dans leur
maison, on vint dire au grand-prêtre qu'il y avait
dans les souterrains un aspirant qui allait sans doute
bientôt paraître. Le grand-prêtre et ses collègues se
rangèrent aussitôt derrière la triple statue, et atten-
dirent en silence. Bientôt le bruit des roues renfer-
mées dans le piédestal se fit entendre, et les prêtres
virent sortir du piédestal un homme qui, sans être
couvert d'une armure comme Saphon, avait d'ailleurs avec lui la plus parfaite ressemblance qui puisse
se trouver entre deux frères jumeaux. Le grand-prêtre, le félicita, selon la coutume, de son adresse et

de son courage, et le salua du nom de Giscon, ce qui surprit extrêmement le nouvel aspirant. Mais quand celui-ci, prosterné, eût entendu la formule dans laquelle il était appelé nouveau serviteur de la grande déesse Isis, il se révéla et dit :

« Vénérable prêtre de Memphis, je ne veux point vous cacher mon rang et ma fortune ; car je vois bien par la connaissance que vous avez de mon nom, qu'il me serait inutile de dissimuler. Mais je dois avouer moi-même qu'à en juger sur l'opinion désavantageuse qu'on a de moi dans le monde, je suis indigne d'être serviteur de votre déesse. Je suis en effet Giscon, ce malheureux Carthaginois, proscrit par mes concitoyens et chassé par les habitants de Capsa. Les premiers m'ont fait un crime d'avoir commandé une armée étrangère contre ma patrie, et les seconds de n'avoir pas voulu porter les armes contre elle. Les Carthaginois croient fermement que je suis mort, et regardent ce prétendu fait comme une juste punition d'un combat que je n'ai réellement point donné. Les habitants de Capsa, dont j'ai fait un État déjà florissant d'une multitude de tribus errantes, m'ont banni comme ayant refusé de combattre leurs principaux ennemis qui sont les Carthaginois. »

— Giscon, interrompit le grand-prêtre, nous savions déjà la plus grande partie de votre histoire. Nous en avions approuvé le commencement, et nous en avions condamné la fin telle qu'on nous l'avait exposée. Mais votre innocence nous est attestée aujourd'hui puisque vous voilà encore vivant. Toutefois, cela ne suffit pas ; il faut vous confronter avec Saphon, votre frère, qui est actuellement dans cette maison, et sur qui nous venons d'achever la cérémonie de l'expiation, que le sénat de Carthage l'a envoyé demander ici, comme coupable, ainsi qu'il le croit fermement lui-même, de vous avoir donné la mort. Ainsi nous l'allons faire paraître en votre présence, faisant en cela une grande exception à la règle, qui ne permet à nos aspirants de parler à aucun profane, avant que le cours de leurs exercices soit achevé. Mais comme il est du devoir d'un homme de bien de se justifier le plus tôt qu'il lui est possible d'un crime qu'on lui impute, il est aussi du nôtre de vous en faciliter les moyens. Votre frère Saphon, en portant avant vous votre justification à Carthage, y portera la sienne même ; et après avoir été lavé ici devant les dieux de son intention injuste et criminelle, il se rachètera devant votre père, devant votre sénat et votre peuple, du nom toujours odieux de meurtrier de son propre frère. »

Avant toutes choses, le grand-prêtre fit boire à Giscon la coupe d'oubli, et prononça, pendant qu'il la but, la formule ordinaire. Puis il reprit en ces termes :

— Giscon, en expliquant tout à l'heure à votre frère ce que vous faisiez pendant la bataille, comment l'homme tué à votre place était revêtu de vos armes, et enfin pourquoi, banni par les gens de Capsa, vous êtes venu en Egypte, gardez-vous bien de lui dire un seul mot des premières épreuves de l'initiation que vous avez subies avec honneur, ni de l'ouverture de la pyramide par où vous êtes entré, ni de celle du piédestal de la triple statue d'Osiris, d'Isis et d'Horus, par laquelle vous venez de sortir. — Qu'on aille maintenant chercher Saphon, ajouta-t-il.

Pendant ce temps-là, Giscon dit au grand-prêtre qu'il avait toujours eu un vif désir de se faire initier à Memphis, pour y recevoir les préceptes et les exemples des vertus, qui le rendaient lui et ses collègues si recommandables par toute la terre. Mais que, depuis ses malheurs, il n'avait garde de prétendre à un titre aussi honorable que celui d'initié, ni de vouloir souiller cette compagnie, d'une réputation si haute, de la présence d'un homme regardé en tous lieux comme un criminel.

— Cependant, continua-t-il, pensant aussi que les dieux sont le refuge des malheureux, et que les innocents persécutés trouvent auprès d'eux un asile sûr, quelle occasion plus favorable pouvais-je avoir de me présenter à eux que la circonstance de mon exil même ! J'ai traversé sans être connu la Tripolitaine, le pays de Namasomes, et les déserts de la Libye. C'est ainsi que je suis parvenu jusqu'à la Pyramide. J'y suis monté dans la résolution d'y périr, si la disgrâce où je me trouvais, par rapport aux hommes, était un effet de la colère des dieux mêmes, et je confiais alors ma justification au temps qui dévoile tout. Mais le dirai-je ? Mon indifférence pour la mort m'a affermi contre elle, et m'a conduit jusqu'à vous, saints prêtres d'Isis, prêt à subir, avec résignation, le sort dont vous m'aurez trouvé digne sur ma propre confession.

— Giscon, lui dit le grand-prêtre, les pensées des dieux ne ressemblent point à celles des hommes, et nous allons mieux juger nous-mêmes de votre conduite passée par l'exposition que vous en allez faire devant votre frère que voici.

CHAPITRE XI.

Confrontation des deux princes Carthaginois ; étonnement de
Saphon. — Réconciliation des deux frères. — Aménophis et
Giscon se lient d'une pieuse amitié. — Aménophis
est introduit dans les souterrains du temple ;
leur description.

IEN ne saurait peindre le trouble de Saphon au premier aspect de son frère. Il recula de plusieurs pas, croyant voir l'ombre de Giscon attachée à le poursuivre. Il lui vint alors à l'esprit, pour la première fois, qu'un autre que son frère avait pu porter dans le combat une armure carthaginoise, et cette pensée le couvrit de honte. Mais Giscon prit la parole.

— Mon frère, dit-il, ces vénérables prêtres veulent que je paraisse à tes yeux en ce moment pour nous justifier l'un et l'autre, moi d'avoir commandé l'armée de Capsa contre les Carthaginois, toi d'avoir trempé tes mains dans le sang d'un frère.

« Quel que fut le zèle avec lequel je travaillais à
former la république de Capsa, quelques soins que
j'apportasse à mettre ses habitants en état de défense
contre les injustes agressions de leurs voisins, je
leur avais déclaré que, prêt à donner ma vie pour
eux en combattant tous leurs autres ennemis, je ne
prendrais jamais les armes contre ma patrie. Je n'a-
vais pas même hésité à leur dire que je n'étais à eux
que pour un temps donné, et qu'aussitôt que leur
État me paraîtrait solidement établi, je rendrais ma
personne et mes services à mon père et à mes compatriotes. Je m'étais expliqué de bonne heure à ce
sujet pour éviter le soupçon qu'ils pouvaient concevoir que je ne les eusse rassemblés ainsi que pour
livrer plus aisément leur nation entière aux Carthaginois. Mes précautions furent inutiles, comme vous
allez voir. Dès que les peuples de Capsa furent in-
formés de la marche des Carthaginois contre leur
ville, il me fut signifié, dans le conseil de guerre,
qu'on me regarderait ou comme lâche ou comme
traître, si je ne prenais à l'instant le commandement
de l'armée. Je leur répondis, qu'aucune violence
humaine n'était capable de me faire changer de résolution, et que je me bornais à leur conseiller d'envoyer à l'armée carthaginoise des parlementaires

chargés de protester contre une injuste agression. J'ajoutai que, pour soutenir eux-mêmes leur autorité souveraine, ils eussent à faire parler ces parlementaires de leur part et non de la mienne, et surtout, qu'on marquât bien en termes formels, que n'ayant accepté aucun titre chez eux, l'armée carthaginoise n'aurait rien à démêler avec moi dans la bataille. Saphon, je sais que ce message te fût fidèlement transmis, et, sur ce simple avertissement, tu devais soupçonner du moins que je n'étais pas le commandant que tu as tué. Cependant les habitants de Capsa, exaspérés par la réponse hautaine que tu fis aux parlementaires, nommèrent aussitôt pour leur général, celui-là même que je leur avais signalé comme le plus capable d'être leur chef, et dont j'avais pu éprouver l'habileté en plusieurs circonstances. Mais aussitôt ils se précipitèrent sur moi, m'arrachèrent mes armes et en revêtirent leur chef, pour te tromper toi-même, et faire planer sur moi le soupçon d'un acte auquel je n'avais réellement aucune part. Tu sais mieux que moi ce qui se passa dans le combat. Mais, à leur retour, les troupes de Capsa qui n'avaient perdu que très-peu de monde élurent, en ma présence et sans me consulter, un autre chef qu'elles investirent du commandement. Puis un décret fut

rendu qui me bannissait des Etats de la république,
et l'on me renvoya sans me faire aucun remercîment
pour mes services passés.

« Je retournai donc à Carthage, voulant m'y justifier en personne du seul tort qu'on pouvait m'imputer, dans toute la conduite que j'avais tenue, pendant les deux années de mon absence. Mais j'appris,
Saphon, que tu avais noirci dans tous les esprits
mon entreprise civilisatrice, qui n'avait cependant
pour but que de délivrer notre territoire de toutes
les incursions des tribus nomades. Le ciel m'est
témoin que je n'avais conçu cette entreprise qu'à
l'occasion du choix que notre père nous avait laissé,
lorsqu'il promit de nommer pour son successeur
celui de nous deux qui ferait l'action la plus héroïque.
Mais, n'ayant aucune envie de te disputer un titre qui
t'est acquis par la naissance, je t'abandonnai les
services éclatants que la valeur pouvait rendre à
notre patrie, et j'allai chercher au loin un service
obscur, d'une exécution très-dangereuse, et d'un
succès très-douteux.

«Mais je ne m'attendais pas, je te l'avoue, que tu
me fisses un crime de cette entreprise toute à l'avantage de notre patrie. J'ai cru devoir laisser passer
l'orage de la persécution que tu as excitée contre

moi ; je n'ai pas voulu affronter la proscription lancée contre moi par notre sénat, bien que notre père, j'ai lieu de le croire, ne doute pas de mon innocence. Mais je suis venu en Égypte aux pieds de ces saints prêtres, comme à la source de toute justice, convaincu que leur sacré tribunal rétablirait plus sûrement mon honneur qu'on a flétri, que ne le pourrait faire mon retour prématuré. Je n'ai plus même aucun désir de retourner à Carthage, après tout ce qui s'est passé ; et il ne tiendra pas à moi que je ne finisse mes jours dans ce saint temple.

— Saphon, dit le grand-prêtre, je ferai moi-même la conclusion du discours de votre frère. Non-seulement sa conduite a été irréprochable depuis sa première démarche jusqu'à la dernière ; de plus, il a pleinement acquis sur vous l'avantage de l'action la plus héroïque. Néanmoins nous ne lui reconnaissons aucun droit au prix que votre père y avait attaché. Les dieux, plus prudents et plus puissants que le sage Zoros, ont conduit les choses à leur véritable destination, et ont tiré, de l'erreur même de votre sénat, l'arrêt équitable qu'il a rendu en vous assurant la succession au trône, après la mort de votre père. Giscon, vous l'avez entendu, y consent volontiers ; et il ne saurait y mettre obstacle sans perdre devant les dieux et devant les hommes tout le fruit et toute la gloire de ce qu'il a fait jusqu'à présent. Nous n'approuvons pourtant pas sa résolution de renoncer au service de sa patrie. Les dieux regardent comme la plus sûre marque de notre piété envers eux, les services que nous rendons aux hommes qui sont leur ouvrage. Une retraite perpétuelle n'est louable que dans ceux qui ne peuvent être utiles à l'humanité que par leurs enseignements et leurs prières. Ainsi, votre frère doit rendre grâce aux dieux de l'infortune qui l'a conduit ici pour recevoir l'initiation, à laquelle nous allons le préparer. Mais, dès qu'il l'aura reçue, nous le renverrons nous-mêmes à Carthage, afin qu'il continue à servir sa patrie sous votre illustre père, et sous vous-même, quand vous lui aurez succédé.

Alors Saphon, levant les yeux et les mains vers la triple statue, s'écria :

— Isis, ô grande déesse des Egyptiens, je cède enfin à votre sagesse. Je désavoue pour jamais et mes aveugles projets, et mes vains exploits; et je suis trop heureux que mon forfait soit imaginaire. J'accepte avec une pleine soumission et une profonde reconnaissance les leçons que j'ai reçues de vos saints ministres et du plus jeune de vos disciples. Et

toi, Giscon, mon frère, je vais préparer ton retour à
Carthage, par la justification la plus authentique
qu'il me sera possible de faire de toutes tes actions.
Le témoignage de ces vénérables prêtres sera sans
doute d'un plus grand poids que le mien, mais il
ne saurait être ni plus vrai, ni aussi prompt.

Sur un signe du grand-prêtre, Giscon fit quelques pas vers Saphon, et les deux frères, tombant
dans les bras l'un de l'autre, restèrent longtemps
étroitement embrassés. Puis Saphon fut reconduit
dans son appartement, où il trouva sur une table un
repas abondant mais frugal et un vase rempli d'excellent vin. On lui annonça qu'il était libre de sortir
dès le soir même, ou de coucher dans le lit qu'il
voyait préparé. Mais Saphon, après avoir remercié
les prêtres de leurs attentions hospitalières, se disposa à partir dès qu'il eut pris quelque nourriture.
Les gens de sa suite l'attendaient au dehors.

Quant à Giscon, il fut mené dans la chambre
qu'Aménophis avait occupé, et qu'il devait quitter
ce jour-là même pour passer dans l'appartement des
initiés. C'était là que le jeune Carthaginois devait se
préparer à commencer ses exercices. Comme le premier soir il était permis à tous les initiés de rendre
visite à l'aspirant, Aménophis s'y rendit avec les

prêtres qui l'engagèrent à raconter à Giscon, tout ce qui s'était passé au sujet de son frère, et même la part qu'il avait eue aux instructions qui lui avaient été données. Ce récit établit une admiration mutuelle entre les deux jeunes princes qui, dès ce moment, se lièrent d'une amitié solide.

Aménophis n'avait plus qu'à remplir la troisième partie de l'initiation, qu'on appelait la manifestation, et qui était moins un exercice que la récompense de tous ceux qui avaient précédé. Le jeune prince avait été préparé à ce dernier acte par un austère jeûne de trois mois. La manifestation avait lieu pendant les douze jours suivants.

Dès l'aurore du premier de ces douze jours, Aménophis fut amené devant la triple statue; et l'ayant fait mettre à genoux, le grand-prêtre le consacra d'abord à Isis qui, en lui inspirant la sagesse, l'avait rendu digne d'être admis à ses mystères; en second lieu, à Osiris, bienfaiteur des hommes; en troisième lieu, à Horus, dieu du silence et du secret auquel il allait s'engager. Alors Aménophis, jura de ne parler jamais à aucun profane de ce qu'il verrait non-seulement en ces douze jours, mais en tout temps dans les temples souterrains de l'Egypte, se soumettant, s'il violait ce secret, à la vengeance de toutes les divinités du ciel, de la terre et des enfers, se déclarant en ce cas digne de mort, et souscrivant par avance à l'exécution de ce jugement. s'il venait à le mériter. .

Alors s'ouvrirent pour Aménophis les vastes souterrains qui s'étendaient en quarré depuis le sanctuaire du temple jusqu'à la pyramide, c'est-à-dire, dans une longueur et dans une largeur d'environ quatre mille pas, et qui répondaient par conséquent à des temples supérieurs de quelques petites villes de la dépendance de Memphis. On donna pour guide au jeune prince, suivant la coutume, le dernier reçu des initiés Égyptiens qui se trouvât dans la maison. A peine Aménophis fut-il descendu dans le souterrain du côté du temple supérieur, qu'il fut surpris d'entendre des cris d'enfants. C'étaient les enfants des prêtres, qui étaient élevés loin de leurs pères, pour ne pas troubler leurs studieuses méditations. Dans cette partie du souterrain se trouvaient des écoles, où ces enfants recevaient une éducation très-soignée jusqu'à l'âge de dix-huit ans, quoique dans l'intervalle, ils fussent appelés à participer aux cérémonies religieuses.

Aménophis employa les trois premiers jours à visiter ces écoles. Le quatrième, il arriva au lieu qu'on appelait le champ des Larmes. C'était un espace de la largeur de trois arpents, et de la longueur de neuf, autour duquel circulaient quatre allées, et qui était couvert d'une voûte très-élevée. C'était le lieu où les officiers du second ordre qui se trouvaient en faute, subissaient leur peine. Les peines les plus ordinaires consistaient en un certain nombre de jours ou d'heures d'un travail pénible et inutile. Car les Égyptiens ne voulaient pas que les travaux les plus fatigants, mais nécessaires à la société, présentassent aucune idée de punition. Les hommes, par exemple, un ou plusieurs ensemble, roulaient un cylindre de pierre plus ou moins gros, sur une espèce de colline placée en travers à l'extrémité orientale du champ; et le cylindre tombant de l'autre côté, ils le faisaient re- monter de même jusqu'à ce qu'il retombât vers le lieu d'où il était parti d'abord, et où on l'allait re- prendre encore. C'était l'origine du supplice de Sisy- phe, dont parle la Mythologie grecque. Les femmes puisaient de l'eau dans des puits profonds, pour la verser dans un canal d'eau courante qui, après avoir traversé les principales allées du souterrain, venait border l'extrémité orientale du champ des Larmes. Ceci rappelle les tonneaux sans fond des Danaïdes. Aménophis vit encore d'autres châtiments dont on retrouve quelque image dans les poètes païens.

En avançant toujours, il se trouva dans un lieu enchanté qu'on appelait l'Élysée. Pour embellir cet endroit, les prêtres avaient employé tout ce que peut inventer l'imagination humaine. Le jour venait d'en haut dans toute l'étendue du sol. Mais comme il tombait jusqu'au fond d'une hauteur de cent quarante pieds, il était un peu affaibli; et les ombres des arbres dont ce jardin était rempli, l'affaiblissant encore, on eut dit qu'on ne jouissait en plein jour que du plus doux clair de lune. Tout ce jardin était partagé en allées, en bosquets, en labyrinthes, ornés de statues admirables et de merveilleux groupes de marbre, de porphyre et de bronze. On y voyait croître non-seulement les fleurs les plus brillantes, mais encore les arbrisseaux qui forment la parure ordinaire des jardins, comme des myrtes, des lauriers, des orangers. Dans le milieu, on avait réservé de grands espaces de terrain qui servaient d'arène ou de cirque pour divers exercices du corps.

En sortant de l'Élysée, Aménophis, marchant toujours vers les pyramides, arriva dans la dernière partie du souterrain, ou le Panthéon des prêtres de Memphis. C'était là qu'était le véritable temple. On

y entrait par plusieurs arcades très-profondes, placées derrière les arbres du côté occidental de l'Élysée.
Mais le temple, large de quarante pieds, était d'une
longueur extraordinaire; il n'en fallait pas moins
pour contenir toutes les divinités de l'Égypte dans
des chapelles séparées.

Entre ces dieux, les uns n'avaient pour sacrificateurs que les prêtres, et les autres que les prêtresses.
Plusieurs sacrifices furent célébrés; mais à minuit,
Aménophis vit sortir de la dernière arcade vers le
bas du temple et du côté de l'Élysée, le sacrificateur
du jour, suivi de deux files de prêtres marchant du
côté du sanctuaire et de la statue d'Isis. Ils étaient
accompagnés d'un chœur de musique formé par
d'autres prêtres, par des prêtresses, et même par
leurs enfants, filles et garçons, de tout âge depuis
celui de neuf ans. Quand le sacrificateur fut arrivé
jusqu'à la statue, les deux files de prêtres s'ouvrirent
et s'écartèrent pour laisser passer l'offrande qui était
portée par des filles de prêtres au nombre de dix-
huit, marchant deux à deux, et tenant chacune une
corbeille remplie de fruits. Le sacrificateur prit et
vida toutes ces corbeilles sur un grand autel, spécia-
lement dédié à Isis. Les filles qui avaient apporté
l'offrande disparurent derrière le sanctuaire, et les

prêtres y entrèrent pour achever les cérémonies, toujours avec l'accompagnement des voix et des instruments de musique.

C'étaient là les mystères d'Isis que leur secret rendait si respectables dans les beaux siècles de l'Égypte. Aménophis, après le sacrifice du dernier jour de la manifestation, entra par une des arcades occidentales du Panthéon, dans une allée qui faisait l'enfilade du dessous des Pyramides; et, ayant aperçu la grille de fer dormante qui la terminait au nord, il la toucha en dedans comme il l'avait touché en dehors, le jour où il s'était trouvé avec Amédès au fond du puits de la pyramide. C'était une preuve indubitable qu'il avait heureusement achevé la pénible et périlleuse carrière de l'initiation. Il coucha néanmoins cette nuit-là dans le souterrain, selon la coutume établie, pendant qu'on préparait tout pour le jour suivant, consacré à la pompeuse procession isiaque qui était le triomphe de l'initié.

CHAPITRE XII.

Procession isiaque et tous ses détails. — Joie universelle quand
on reconnait Aménophis pour le nouvel initié.

Dès la veille du grand jour, six officiers
du second ordre vinrent à cheval devant
le palais du roi, qui était en face du
temple, à l'autre extrémité de la grande
place, et annoncèrent à son de trompe qu'on
verrait le lendemain un nouvel initié. Ils allèrent ensuite annoncer la même nouvelle dans
toutes les rues de la ville où la procession devait passer. Mais on ignorait le nom du nouvel initié; on
savait seulement qu'il était Égyptien. Néanmoins,
cette nouvelle causa une allégresse universelle parmi
le peuple, qui regardait les initiés égyptiens comme
de puissants médiateurs entre le souverain et lui.
D'ailleurs cette cérémonie n'avait lieu que rarement;
souvent il se passait plusieurs années sans qu'il y
eut lieu de la célébrer. Aussi tout le monde montrait

un désir égal d'y assister. Mais ni à la cour, ni dans le peuple, on n'avait le moindre soupçon que le nouvel initié fût Aménophis, que l'on croyait en voyage bien loin de Memphis.

Quant au roi, comme il se mêlait peu des affaires de son gouvernement, il était peu touché du mérite de l'initiation, et il ne s'en promettait autre chose que le plaisir de voir passer la pompe isiaque sous les fenêtres de son palais.

Toute la nuit fut employée à parer l'intérieur du temple des plus magnifiques ornements, et les citoyens de Memphis décorèrent les rues et les façades de leurs maisons de tout ce qu'ils possédaient de plus précieux. Un peu après le lever du soleil, le peuple, en entrant dans le temple, put voir, placé au milieu du sanctuaire, le tabernacle d'Isis, qu'on avait apporté du souterrain. C'était un grand coffre couvert d'un voile de soie blanche parsemé d'hiéroglyphes d'or, et sur lequel était jeté une gaze noire, emblême du secret des mystères de la déesse.

Avant le départ de la procession, on offrit un sacrifice pendant lequel les filles des prêtres, qui ne se montraient en public que dans ces solennités, exécutèrent des danses graves au son des instruments.

Puis on se mit en marche en se dirigeant du côté de
la ville.

Les six officiers, qui avaient annoncé la cérémonie, la précédaient en sonnant de temps à autre de
leurs trompettes ; deux files de gardes du même ordre, formaient une haie à droite et à gauche de la
procession dans toute sa longueur. Des quatre classes de prêtres, celle des mathématiciens, celle des
médecins, celle des jurisconsultes marchaient lés
premières, précédées de leurs enfants, dans le même
ordre qu'eux et dans le même costume. Tous les
prêtres portaient une robe noire sous une tunique de
fin lin, mais par-dessus la tunique, les trois premières classes portaient une robe bleue, violette ou rouge,
dont un pan leur couvrait la tête. Entre les deux
files, marchaient un à un, des prêtres qu'on appelait *Pastophores ;* ils avaient, au lieu d'une robe, un
manteau de la couleur de leur classe.

Après cette première partie de la procession paraissait un prêtre de la première classe du sacerdoce ; il
avait un manteau noir, et portait sur ses deux mains
et appuyé sur sa poitrine la fameuse table isiaque,
qui était de cuivre, mais bordée et traversée de lames
d'argent, sur lesquelles étaient gravés les emblèmes
des mystères d'Isis sous des figures d'hommes et de

femmes debout ou assises, et dont quelques-unes avaient des têtes d'animaux. Ce prêtre était suivi des filles des prêtres, vêtues d'une tunique de fin lin sur des robes de la couleur de la classe de leurs pères, et ayant par-dessus leurs tuniques des mantes de couleur différente, brodées d'or avec des houppes d'or, et rattachées sur l'épaule gauche avec une pierre précieuse. Elles étaient coiffées en cheveux avec des aigrettes, et ornées de pendants d'oreilles, de colliers de perles, et de bracelets d'un prix inestimable ; elles formaient quatre files en marchant deux à deux.

Après elles venait un chœur nombreux de musique, composé de prêtres et de leurs enfants ; il précédait le tabernacle d'Isis, qui était porté par huit prêtres, et précédé immédiatement par des filles du second ordre, vêtues de robes de laine blanche très-fine, et parées de fleurs ; qui, ayant à la main des sistres ou des crotales (1), formaient devant le tabernacle des danses gracieuses et légères. D'autres jeunes filles faisaient brûler des parfums dont la fumée enveloppait le tabernacle d'un nuage odoriférant. Le grand-prêtre s'avançait seul derrière : il portait par-dessus sa tunique une robe de pourpre doublée d'her-

(1) Le sistre était un instrument de musique ; les crotales étaient des espèces de castagnettes.

mine, dont la queue était portée par deux enfants du second ordre; il avait une espèce de mitre, ornement qui lui était particulier, et tenait seul le bâton augural; il était suivi des prêtres de la première classe, ou interprètes des lettres sacrées. Deux pastophores portaient sur un brancard le vase augural ou divinatoire, qui était couvert d'un astrolabe, d'un quart de cercle et d'un compas; car, bien que l'astrologie fût plus en usage à Thèbes que dans les autres temples, les instruments astronomiques étaient partout, en Egypte, le symbole de la divination. Tous les prêtres de cette classe portaient des robes noires par-dessous et par-dessus la tunique blanche. Les plus âgés marchaient les plus proches du tabernacle.

La dernière partie de la procession ou le triomphe de l'initié, avait un appareil militaire; partout des fifres et des timbales faisaient retentir les airs, dans lesquels on voyait se déployer trois étendards, portant, les premier, le bœuf Apis, symbole du royaume de Memphis; le second, un sphinx, symbole de l'Egypte; et le troisième, un serpent, symbole du monde entier. Cet arrangement marquait l'ordre selon lequel l'initié se consacrait au service du genre humain.

Le nouvel initié parut enfin, ayant à sa droite le plus jeune des prêtres, et à sa gauche le plus ancien

des initiés. Il était vêtu, pour ce premier jour seulement, d'une tunique blanche avec une queue traî-
nante de la longueur de son corps ; il portait par-dessus un baudrier blanc bordé de noir, d'où pendait une
épée à la poignée d'acier ; mais il avait pour ceinture
une écharpe couleur de feu, ornée de franges d'or ;
sur son front était une couronne de myrte, et à sa
main une grande palme, symbole de la paix. Enfin,
sa tête était couverte d'un voile blanc qui descendait
sur son visage, de manière que personne ne pouvait
le reconnaître. Il était suivi d'un char triomphal,
attelé de quatre chevaux de front. A mesure qu'il
s'avançait, une pluie de fleurs et d'essences précieuses tombait sur lui de toutes les fenêtres.

Aménophis, après avoir fait ainsi un grand tour
dans la ville, arriva sur la place où s'élevait le palais
du roi. Le souverain, la reine et toute la cour l'attendaient sur un grand balcon décoré de superbes
tapis. Osoroth, qui était né bon, semblait s'associer
à ces réjouissances publiques dont le bruit allait toujours en se rapprochant. Il ne put se défendre d'une
douce émotion quand il aperçut la tête de l'initié qui
s'élevait par-dessus toutes les autres ; la reine, au
contraire, ennemie de tout bien, en conçut un vague
sentiment de jalousie. Mais cette impression fâcheuse

s’aggrava encore, lorsque l’initié monta sur une autre estrade dressée, suivant la coutume, en face de celle de la cour. Là il s’agenouilla sur un coussin et fit une profonde révérence au roi. Puis, se relevant, il tira son épée, comme pour la mettre à son service. A ce geste qu’Aménophis fit avec une noblesse et une grâce toute merveilleuse, le roi, les yeux humides de larmes, se pencha et étendit les bras comme pour embrasser l’initié. Il se tourna ensuite à droite et à gauche, comme pour faire partager à toute l’assistance les sentiments qu’il éprouvait.

Encouragé par cet exemple, le peuple fit retentir la place de mille cris de joie qui s’adressaient au souverain. On lui disait: « Soyez notre maître, et soyez-le pendant une longue vie. » On lançait en même temps sur la reine des regards qui n’avaient pas le même caractère, et dont l’intention secrète ne lui échappait nullement. Mais, pour complaire au roi, elle dévorait son dépit. Toutefois son embarras devint plus pénible, lorsque l’initié, étant descendu de son estrade, reprit le chemin du temple, tenant toujours d’une main son épée nue, et de l’autre la branche d’olivier; car le roi, en ce moment, fit remarquer à la reine que l’initié avait la taille et la démarche d’Aménophis; et il ajouta qu’il s’estimerait heureux

dans sa vieillesse d'avoir un fils qui fût digne d'un
pareil honneur. Alors la reine parla pour la première
fois à Osoroth du voyage qu'avaient entrepris le jeune
prince et son gouverneur Amédès. Le roi fut mé-
content qu'elle ne lui en eût point encore parlé, et
regretta que son fils ne fût pas revenu assez à temps
pour être témoin d'un triomphe qui aurait probablement excité son émulation.

Cependant Aménophis, rentré dans le temple, où
le suivirent la cour et le peuple, monta sur une espèce
de trône fort élevé. Deux officiers du second ordre
l'y accompagnèrent et s'enfermèrent avec lui sous
deux grands rideaux richement décorés. Là, pendant
qu'on chantait en bas quelques hymnes exprimant
les espérances que faisait concevoir un initié de la plus
haute naissance, on revêtit le jeune prince de ses habits ordinaires sur la veste blanche, et, au bout d'une
demi-heure, les rideaux s'étant ouverts, permirent
au peuple, qui remplissait le temple, de reconnaître
dans le nouvel initié, le fils de la bonne reine Nephté,
l'élève d'Amédès, le modeste Aménophis.

Alors les acclamations redoublèrent, et le nom de
l'heureux initié fut porté au roi dans un instant. La
reine, qui était présente, fut saisie d'un désespoir
qu'elle eut la force de dissimuler, mais qui devait

produire de terribles effets, comme nous le verrons plus tard. Cependant on ajouta que le prince devait passer le reste de la journée et la nuit suivante dans la maison des prêtres, où sa réception devait donner lieu à de grandes réjouissances.

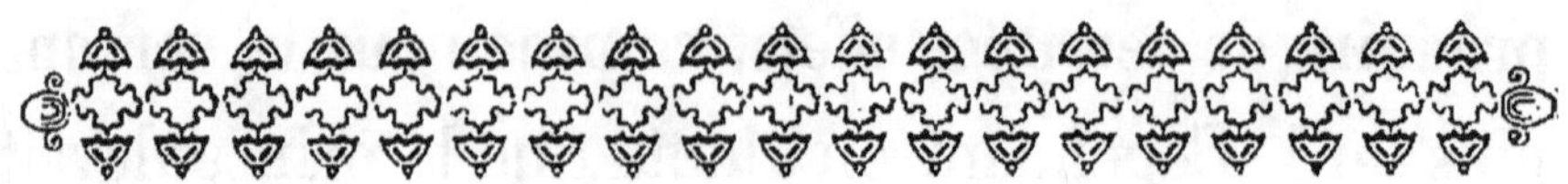

CHAPITRE XIII.

Guerre du royaume de Memphis contre ceux de Thèbes et de
This. — Aménophis et Amédès servent en qualité de
volontaires. — Exploits d'Aménophis pendant
le siége de Coptos. — Le jeune prince
disparaît dans une mêlée ; on
pleure sa mort.

MÉNOPHIS et Amédès se trouvèrent le
lendemain dans le palais, au lever du
roi, qui reçut son fils à bras ouverts en
présence de plusieurs grands de sa cour, et
remercia Amédès de lui avoir procuré le
bienfait de l'initiation. Il dit au jeune prince
que la guerre que les rois de Thèbes et de
This venaient de déclarer à Memphis, lui offrirait
bientôt une belle occasion d'employer son épée au
service de l'État.

Mais la reine avait déjà formé un nouveau plan de
politique qui avait pour but de perdre Aménophis, et
les mouvements d'une guerre prochaine lui sou-
riaient, parce qu'ils favorisaient son projet. Usant

de son ascendant sur l'esprit du roi, elle chercha à lui inspirer de l'éloignement pour Aménophis, qu'elle représentait comme un jeune ambitieux, et pour Amédès qui, selon elle, était un homme d'une vertu dangereuse, ne visant qu'à rentrer au ministère, et qui, par ses sourdes intrigues, avait sans doute préparé la guerre devenue imminente. Le roi lui répondit avec une sage modération en cherchant à dissiper ces soupçons injustes. Il lui dit que la meilleure preuve de l'innocence d'Amédès était qu'il avait constamment refusé d'être premier ministre.

—Au surplus, ajouta-t-il, je souhaite que, dans la prochaine guerre, Amédès ne quitte point la personne de mon fils. Mon dessein n'est pas, croyez-le bien, de confier à Aménophis, pour son coup d'essai, le commandement général de mes troupes. Je veux, au contraire, qu'Amédès le fasse passer par tous les grades du service militaire, pour qu'il commence par obéir à ceux qu'il doit un jour commander. Ainsi proposez-moi celui que vous croyez digne du poste de général ; car il est temps d'aller au-devant de l'ennemi.

— Seigneur, répondit-elle aussitôt, mon choix est fait, il n'y manque plus que votre approbation.

—Eh bien ! fit le roi : quel est-il?

—J'ai choisi Thoris. Vous trouverez ce commandant peut-être bien jeune ; mais, sans parler de ses autres qualités, il en a une d'une valeur inestimable, c'est son obéissance sans bornes aux ordres de la cour. Car, réfléchissez-y bien, seigneur, c'est vous qui, sans sortir de votre cabinet, devez être le véritable et le seul commandant de vos armées.

— Madame, reprit Osoroth, je crains beaucoup qu'un tel choix ne choque l'amour-propre de nos vieux officiers et ne les dégoûte du service. Mais je vous abandonne cette première campagne qui ne me semble pas devoir être décisive. Quant à mon fils, il n'aura pas d'autre commandant qu'Amédès, qui n'en aura pas lui-même. Tous deux serviront comme volontaires dans cette expédition. Je l'entends ainsi.

Aussitôt la reine fit publier le nom du général en chef. Tous les bons citoyens de Memphis en furent attristés, mais ils se consolèrent en prévoyant que les mauvais succès de la guerre pouvaient amener la chute de celle qui abusait ainsi de son pouvoir. Thoris, en apprenant sa nomination, tomba dans une sorte d'ivresse. Il remplissait de son orgueil et de sa joie les rues de Memphis. Il se faisait porter comme en triomphe, dans une litière, par des esclaves en habits de guerre, et se donnait sans façon à lui-même le nom de héros.

Ce Thoris était un homme de trente ans, plus propre à se distinguer par le faste que par la prudence et la valeur, un ambitieux sans vertu, vendu à la reine, et propre à entrer dans tous ses projets. La veille de son départ, Thoris reçut des instructions secrètes de sa souveraine, instructions qui avaient principalement pour objet de se défaire d'Aménophis et de son gouverneur par tous les moyens en son pouvoir. Quand il vint le lendemain prendre congé du roi, ce prince lui signifia lui-même qu'il exceptait formellement Amédès et son fils du commandement qu'il allait avoir sur l'armée. Il ajouta que c'était la reine qui l'avait choisi pour général, et qu'il souhaitait de lui voir justifier le choix qu'elle avait fait de lui. Puis, continuant en s'adressant aux vieux officiers, il leur dit qu'après cette campagne, ils n'auraient pas d'autre général en chef que son fils. Cette froide réception et ces paroles, qui contenaient presque une menace, affermirent encore plus le lâche Thoris dans sa résolution de remplir les criminelles intentions de la reine.

Les troupes devaient se réunir dans les environs de Coptos, ville conquise, que les ennemis menaçaient alors d'un siége. Méphrès, roi de Thèbes, avait dessein d'investir cette ville avec deux cent

mille hommes ; il avait en outre une armée d'observation dont il se réservait à lui-même le commandement.

La ville de Coptos avait une garnison de trente mille
hommes, avec des munitions de guerre et de bouche;
et l'armée sous les ordres de Thoris comptait cent mille
combattants. Amédès était charmé qu'Aménophis
eût un siége à soutenir pour sa première expédition ;
car, en s'enfermant avec son ancien-élève dans la
ville, dont le gouverneur était son ami, il mettrait
ainsi le prince hors de la portée de ses ennemis secrets. Mais comme il ne voulait pas porter le privilége d'Aménophis plus loin que le roi ne l'avait
marqué, ils évitèrent avec soin tout ce qui pouvait
avoir un air de supériorité. Ainsi Aménophis ne
fut accompagné que d'Amédès et des huit jeunes
seigneurs, ses anciens compagnons, qui avaient demandé et obtenu permission de servir auprès de lui.
Ils avaient chacun un esclave. Celui du jeune prince,
nommé Asarès, qui jouera un rôle dans la suite de
cette histoire, était Arabe d'origine, comme presque
tous ceux de sa condition. C'était un garçon d'un
esprit très-délié, honnête par principe, et disposé
à suivre la vertu, si elle pouvait le conduire à la fortune, qui était l'objet de tous ses vœux. La reine

avait fait quelques tentatives pour le corrompre. Mais une de ses maximes était que s'il avait à devenir traître, il ne devait le devenir que pour son intérêt et non pour celui des autres.

Nos volontaires entrèrent dans Coptos plus d'un mois avant que l'ennemi fût en état de former aucune attaque. Aménophis fut reçu des habitants avec des transports de joie. Le jeune prince répondit gracieusement à ces démonstrations d'attachement, et résolut avant les hostilités, de profiter de ses loisirs pour visiter les monuments religieux du royaume de Thèbes. Son titre d'initié égyptien lui donnait le privilége de visiter dans toute l'Egypte les curiosités du culte. Amédès approuva fort ce projet. Il conduisit donc son élève dans la maison sacerdotale de Coptos, et le remit entre les mains de deux prêtres, qui le firent passer au temple d'Isis.

De là, Aménophis se rendit à Thèbes, où on lui fit voir les quatre principaux temples de la ville, dont le plus ancien était une merveille en grandeur et en beauté. Puis les deux prêtres conduisirent le jeune prince à Syène, qui n'était en quelque sorte qu'une continuation de Thèbes. Aménophis vit là le temple du Sphinx orné de six mille colonnes, chacune d'une seule pièce; le puits profond sur lequel

le soleil passait perpendiculairement le jour du sol-
stice d'été, de sorte qu'à l'heure de midi son image
se montrait toute entière au fond de l'eau; puis, à
quelques lieues au delà de Syène, la petite cataracte
du Nil, qui tombe d'une hauteur perpendiculaire de
deux cents pieds et forme en tombant une nappe
d'eau d'un effet extraordinaire. Les deux prêtres expliquaient au jeune prince ces divers phénomènes,
ainsi que la cause des débordements du Nil. Ensuite
ils le conduisirent dans les souterrains, qu'ils lui
firent parcourir jusqu'à Thèbes, afin de le faire passer des curiosités profanes aux curiosités sacrées,
qui d'ailleurs étaient peu différentes de celles de
Memphis.

Aménophis émerveillait les prêtres de Thèbes
par la sagesse de ses discours. Ils étaient encore
moins touchés de la beauté de son esprit et de l'é-
tendue de ses connaissances que de la modestie de
son ton et de ses paroles.

« Vivez, ô grand prince, lui dit l'un d'eux, vivez,
et soyez la gloire de l'Egypte par l'assemblage de
tous les talents et de toutes les vertus qui brillent en
vous ! »

Le jeune prince prit congé d'eux en leur exprimant le désir d'être leur disciple longtemps encore,

et il reprit le chemin de Coptos, où l'attendait Amédès dans la maison sacerdotale.

Bientôt Aménophis voulut reconnaître de ses propres yeux la situation respective des deux armées ennemies. Il visita les fortifications de la ville, et les travaux que les Thébains avaient commencés depuis l'écoulement des eaux du fleuve. Amédès lui fit remarquer que ces ouvrages auraient été beaucoup plus avancés, sans les attaques continuelles de l'armée de Memphis et les fréquentes sorties de la garnison de Coptos, qui détruisaient souvent la nuit ce que les ennemis avaient fait le jour.

Les forces de Memphis étaient bien inférieures en rase campagne à celles de Thèbes. Thoris se bornait avec raison à défendre les approches de Coptos du côté de Memphis, afin de pouvoir faire entrer dans la place les munitions de guerre et de bouche dont on avait besoin pendant la durée du siége. Amédès instruisait Aménophis de tous ces détails; alors le bouillant jeune homme lui dit qu'il espérait, lui-même, être de la première sortie qui serait ordonnée par le gouverneur. Mais Amédès lui déclara qu'il avait promis au roi, son père, de ne point le laisser sortir de la place.

— Seigneur, ajouta-t-il, j'ai pour cela des raisons

que vous me dispenserez de vous communiquer ;
mais la promesse que j'ai faite au roi nous lie sur ce
point, et m'interdit, à moi-même, de sortir de ces
murs tant que vous serez à Coptos. Cependant, pour
vous prouver que mon intention n'est pas de mettre
obstacle à votre valeur, ni même de vous épargner
les périls ordinaires de la guerre, vous combattrez
autant que vous le voudrez sur les murailles, où vous
ne laisserez pas que de voir des actions très-vives. Les
tours de bois ou les échelles élèveront les soldats ennemis jusqu'à hauteur du javelot et même de l'épée ;
et les béliers dont ils battront les murailles, y feront
des brèches dont il faudra défendre le passage.

Aménophis examina avec attention toutes les machines de défense qu'on préparait dans la ville ; il les
comparait avec celles dont il avait vu les modèles à
Memphis ; et, raisonnant sur ce sujet avec les ingénieurs, il tâchait de découvrir les avantages particuliers des unes sur les autres. Le jeune prince, en
faisant sa tournée dans l'intérieur des remparts, remarqua que le pied de la muraille du côté du marais, trempait dans l'eau, et que l'ennemi avait déjà
dirigé de ce même côté un grand nombre de bateaux
plats. Il en prévint le gouverneur qui avait regardé
jusque-là le marais comme une défense fournie par

la nature. Ce fut néanmoins par là que les ennemis commencèrent l'attaque de la ville, parce qu'ils comptaient beaucoup sur une machine qu'ils avaient nouvellement construite pour escalader les murailles de Coptos. Aménophis, se souvenant d'un expédient qu'il avait vu dans les anciennes chroniques d'Égypte, pensa qu'il pouvait avoir autant de succès dans la présente circonstance, et communiqua son dessein au gouverneur, qui l'approuva.

Les assiégeants montèrent leur machine en toute liberté ; on leur préparait en silence une contre-batterie sur laquelle ils ne comptaient guère. Cependant, pour ne leur donner aucuns soupçons, Aménophis faisait tirer sur eux, du haut de la muraille, quelques flèches perdues. Enfin la nuit arriva, et l'on ne douta point que l'ennemi n'eût choisi ce temps pour faire manœuvrer la machine. C'était une grande loge ouverte par-devant, et pouvant contenir cinquante soldats. Elle devait s'appuyer sur le parapet du rempart ; le corps de cette machine était soutenu par de longs pieds droits ; d'autres pieds venaient s'engager obliquement dans les premiers. Aux deux côtés de cette masse étaient un grand nombre de gens de trait qui tiraient sans cesse des flèches sur les remparts.

Aménophis, de son côté, avait fait élever sur le parapet un grand nombre de fortes poulies, par-dessus lesquelles on avait fait passer de grosses cordes où étaient attachés des crocs de fer. Ces poulies ne pouvaient être vues de l'ennemi. Les assiégeants raillaient de l'apparente inaction de la garnison; mais les huit seigneurs, compagnons d'Aménophis, mêlés dans le premier rang des soldats, et attachés par le derrière de la cuirasse à des cordes plus menues, tenant de chaque main des crocs de fer mis au bout des grosses cordes, se laissèrent tomber l'un après l'autre sur les premières barques, ou plutôt furent descendus adroitement comme s'ils eussent tombés d'eux-mêmes. Les assiégeants, n'apercevant pas, au milieu de la nuit, les cordes qui tenaient ces corps, ne s'en inquiétèrent point, et continuèrent à travailler à force de bras à l'érection de leur machine. Cependant les jeunes seigneurs avaient déjà accroché leurs mains de fer aux pointes ou sur le derrière des bateaux plats qui portaient les hommes occupés à travailler à la machine.

Alors, revenant au pied de la muraille, ils poussèrent tous un grand cri; c'était le signal convenu pour les remonter en haut sur-le-champ, et pour tirer en même temps toutes les cordes des crocs ou mains de fer. Rien ne peut se comparer au désordre que causèrent parmi les assiégés les premiers tours de poulies. Ceux qui tenaient en l'air la machine à une assez grande hauteur, perdirent pied, et elle retomba de tout son poids, écrasant dans sa chute un grand nombre d'ingénieurs et d'ouvriers. Tous les soldats postés dans la loge furent tués ou blessés. Les poulies des assiégés, en faisant lever les pointes des bateaux du côté de la muraille, firent glisser toutes les planches et tomber à l'eau tous ceux qui étaient dessus, et qui tout à l'heure insultaient aux assiégés en leur lançant des flèches.

C'est ainsi qu'Aménophis, n'ayant encore acquis dans l'art de la guerre que l'expérience que donne la lecture de l'histoire, se rendit redoutable, dès son début, au vaillant roi Méphrès. Pendant que tout le monde, à Coptos, et surtout le gouverneur félicitait Aménophis de ce premier succès, celui-ci éprouvait au fond de l'âme un véritable chagrin de n'avoir pu donner encore aucune marque personnelle de valeur. Mais il se proposait bien de partager prochainement avec ses huit compagnons le péril d'une attaque qu'il voulait faire contre les tours, sans sortir néanmoins des portes de la ville.

Méphrès avait pris le temps même où l'on prépa-

rait la machine pour faire avancer ses tours, malgré
les vives escarmouches qu'il essuyait de la part de
l'armée de Memphis. Au lever du soleil, deux de ces
tours s'élevaient menaçantes devant les murailles de
la ville ; la garnison, placée sur les remparts, se dis-
posait à repousser vigoureusement les assiégeants.
Une nuée de flèches tombait dans la plaine. Aménophis avait fait placer en-dedans du rempart et vis-
à-vis de chaque tour deux longues et fortes planches,
dont un bout posait à terre, et qui, en s'élevant, étaient
soutenues de distance en distance par de grosses
pierres, de telle sorte que le bout du côté du parapet,
se trouvait à la hauteur des tours. Le gouverneur
laissa faire ces préparatifs dans la persuasion qu'il
voulait placer là des soldats pour résister d'un peu
plus haut à la descente de l'ennemi sur le rempart,
Mais le prince qui avait concerté son projet avec ses
huit compagnons, les avait armés comme lui d'armes
défensives très-légères, et d'une épée fort courte,
mais large vers la garde, et d'une pointe fort acérée.

Au moment qu'il jugea le plus favorable, il se
plaça, avec trois de ses compagnons, à quinze pas
de l'extrémité inférieure des planches posées en face
de la première tour, et envoyant les cinq autres vis-
à-vis de la seconde, ils s'écrièrent tous ensemble

qu'on leur fît passage; puis, prenant leur élan avec une vigueur surprenante, on les vit en trois temps, s'élancer sur les planches, s'élever en l'air, et tomber l'épée à la main sur les deux tours. Assiégeants et assiégés éprouvèrent à cette vue un étonnement extraordinaire. Mais nos jeunes héros, sans perdre de temps, faisaient dans les deux tours un carnage horrible. Enfin, n'oubliant pas la prudence au milieu du désordre qu'ils avaient fait autour d'eux, ils baissèrent eux-mêmes le pont-levis et remontèrent en courant sur le rempart. Mais pour ôter à l'ennemi la facilité de se servir de la même voie, Aménophis fit aussitôt couper tout auprès du parapet les deux ponts, qui tombèrent au pied des murailles.

Cet exploit merveilleux donna lieu, dans l'armée de Thèbes, à des bruits superstitieux. Des soldats effrayés disaient qu'ils avaient vu des génies descendre du ciel sur le haut des tours. Méphrès, qui savait très-bien s'expliquer cet exemple inouï de hardiesse, et qui se doutait bien qu'Aménophis en était l'auteur, crut néanmoins devoir céder à la superstition de ses soldats, et fit mettre le jour même le feu aux deux tours, sous le prétexte qu'elles déplaisaient aux dieux.

Le gouverneur de Coptos et Amédès informèrent

le roi de Memphis de la conduite glorieuse du jeune prince et de ses huit compagnons. Mais pendant ce temps-là, la reine adressait secrètement à Thoris des reproches sur sa lenteur à réaliser ses desseins. La rage de Thoris n'avait pas besoin de cet aiguillon. Il brûlait du désir de perdre Aménophis qui l'effaçait si complétement. Sous le prétexte apparent de profiter du désordre de l'armée de Thèbes, il manda au gouverneur de Coptos qu'il était résolu à attaquer la nuit suivante l'ennemi avec la plus grande partie de ses forces ; qu'ainsi il l'invitait à le soutenir en attaquant aussi à l'heure de minuit du côté opposé au sien. Espérant qu'Aménophis, qui ne faisait point partie des sorties, se tiendrait en dedans fort près des portes, il conçut le noir dessein de donner lieu aux ennemis d'entrer dans la ville. Il fit même en sorte que son projet parvînt à la connaissance de l'armée ennemie. Mais il fut le premier puni de sa trahison ; car, dès le premier engagement, il tomba vivant entre les mains de Méphrès qui le fit charger de fers.

Cependant Méphrès, pour profiter de la félonie de Thoris, fit marcher un certain nombre de bataillons vers la porte de la ville par laquelle la garnison était sortie. Les troupes de Coptos firent vaillam-

ment leur devoir ; mais écrasées par des forces supérieures, elles se replièrent sur la ville, où une
cinquantaine de lâches avaient déjà répandu l'alarme. Le gouverneur qui crut que toutes ses troupes en déroute les suivaient de près, leur fit ouvrir
les portes. Les soldats de Thèbes, qui attendaient
cette occasion avec impatience, s'y précipitèrent en
foule. Le gouverneur, en armes auprès des portes
avec l'élite de ses officiers parmi lesquels se trouvaient Aménophis et Amédès, reconnut aussitôt les
ennemis, et s'écria :

— Nous sommes trahis ! qu'on ferme les portes !

Alors s'engagea un combat très-vif, dans lequel
Aménophis, Amédès, un des jeunes seigneurs, ses
compagnons ordinaires, et même l'esclave qui ne
quittait presque jamais le jeune prince, firent tous
des prodiges de valeur. Amédès, voyant que, dans le
feu de l'action, Aménophis s'écartait de lui à chaque instant, lui recommanda surtout de ne pas franchir les portes de la ville. Le jeune prince promit
d'être fidèle à cette consigne. Mais bientôt, entraîné
par le mouvement de retraite de l'ennemi, il ne put
se résoudre à perdre cet avantage ; et les poursuivant
à outrance, il sortit de Coptos avec le jeune seigneur
et avec son esclave, avant même de s'en être aperçu.

Ils furent bientôt loin de la ville, poussés qu'ils étaient par d'autres assaillants. Amédès lui-même, contrevenant involontairement à son intention, se trouva hors des murs de Coptos, et fut jeté vers le côté opposé, où les soldats du roi de This le blessèrent grièvement et le firent prisonnier.

Le gouverneur, quoiqu'il sût que ces importants personnages étaient sortis, crut devoir, pour le salut de la place, saisir le premier instant favorable pour faire fermer les portes ; et ne laissant que le guichet ouvert, il y plaça des hommes sûrs, dont la mission était d'aller à la découverte des troupes sorties, et particulièrement du fils du roi et d'Amédès.

Cependant Aménophis, son compagnon, et son esclave, se voyant engagés dans une terrible mêlée, résolurent de faire tous leurs efforts pour rejoindre les troupes de la garnison. Combattant tous trois ensemble ils renversaient tout sur leur passage ; et leur présence commençait à relever dans les rangs de la garnison l'espoir et le courage. Mais, peu après, Aménophis reçut au défaut de la cuirasse un violent coup d'épée qui l'étendit comme mort sur le champ de bataille. Son compagnon, aidé de l'esclave, se jeta aussitôt sur lui pour essayer de tirer son corps de la mêlée ; mais, au moment d'y parvenir, il reçut lui-même un semblable coup qui le renversa presque sans vie.

L'esclave, croyant Aménophis perdu sans retour, lui ôta avec regret son anneau du doigt, pour faire voir au moins qu'il l'avait accompagné fidèlement jusqu'à la mort. Mais bientôt il fut saisi lui-même par un gros de soldats arabes qui le firent passer dans les rangs de leurs prisonniers. Il avait eu la précaution de cacher son anneau sous sa langue, dans l'idée vague qu'il servirait peut-être à sa délivrance.

La désolation fut grande à Coptos lorsqu'on s'aperçut qu'Aménophis n'était pas revenu, non plus qu'Amédès, le jeune seigneur, et l'esclave du prince, desquels on aurait pu du moins savoir ce qu'il était devenu. Le gouverneur était consterné ; dès le point du jour, il envoya demander au roi de Thèbes une suspension d'armes, afin de pouvoir ensevelir ses morts.

L'ayant facilement obtenue, il voulut visiter lui-même le champ de bataille, espérant reconnaître Aménophis et Amédès à leurs armes, et surtout à la veste d'initié qu'ils portaient sous leur cuirasse. Ses recherches furent inutiles ; d'ailleurs les maraudeurs avaient déjà dépouillé les morts. Mais le jeune seigneur qu'on avait trouvé respirant encore et dépouillé comme les autres, lui apprit, pendant qu'on mettait le premier appareil sur sa blessure qui n'était pas mortelle, qu'il avait vu tuer le jeune prince, et qu'il avait aidé l'esclave à tirer son corps de la mêlée lorsqu'il avait été blessé lui-même.

La nouvelle de la mort du prince se répandit aussitôt partout. Elle parvint d'un côté au roi de Thèbes, de l'autre à Amédès, que sa qualité d'initié avait fait accueillir avec distinction par le roi de This qui, par ses conseils, se détacha aussitôt de la ligue qu'il avait formée avec le roi de Thèbes. Quant au roi de Thèbes, Méphrès, dès qu'il sut la nouvelle de la mort d'Aménophis, il envoya faire des compliments de condoléance au gouverneur de Coptos, comme représentant du roi de Memphis, et annonça en même temps qu'il se chargeait de venger la mort du jeune prince. Puis il fit assembler toute son armée, et en présence de tous ses soldats et des prisonniers, il ordonna de battre de verges l'infâme Thoris, dépouillé jusqu'à la ceinture. Après cette exécution, il le congédia ignominieusement. Thoris se hâta de rentrer dans une ville du royaume de Memphis. Mais la coupable reine, voulant se débarrasser d'un complice importun, le fit étrangler dans son lit avec ordre de publier qu'il était mort de chagrin.

CHAPITRE XIV.

L'esclave Asarès, possesseur de la bague de son maître, veut se faire
reconnaître pour Aménophis.—A l'aide de son imposture,
il parvient à se procurer une armée.— Il est mis en
déroute par Chérès, général tyrien, qui
reçoit le titre de *Conservateur*
de l'Egypte.

Quand le roi de Memphis reçut du gouverneur de Coptos la nouvelle positive
de la mort de son fils, il tomba en dé-
faillance. Mais, dès qu'il eut repris ses
sens, se tournant vers la reine, il lui dit
d'un ton mêlé de douleur et de colère :

— Ah! madame, voilà les fruits de votre
prnicieux gouvernement. Je vous retire le pouvoir
que je vous avais confié. Allez vous renfermer dans
celle de vos résidences qui est la plus éloignée de ma
cour, et que je ne vous revoie jamais!

La reine céda à cet orage; mais, avant de quitter
la cour, et de se retirer avec les deux princes ses enfants dans une maison de plaisance qu'elle avait à

dix lieues de la capitale, elle se ménagea des relations secrètes avec des personnages influents, qui se promettaient bien de la voir plus puissante à son retour qu'avant son exil.

Cependant le roi, dès le jour même, forma un conseil composé d'hommes assez bien intentionnés, chargés de veiller à la prospérité du royaume. Le pauvre monarque se flattait encore de quelque espoir de retrouver son fils Aménophis, qui pouvait s'être égaré dans le désordre d'un combat de nuit. En conséquence, il écrivit au roi de Thèbes, le priant d'étendre la générosité qu'il avait montrée en prenant part à la mort de son fils, jusqu'à vouloir bien encore le faire chercher parmi les prisonniers qu'avaient pu faire les différentes nations qui servaient dans son armée. Il lui manda que son fils avait au doigt un anneau dont la pierre était une émeraude représentant Horus, dont une main semblait en aller chercher une autre qui la tenait, et qui était celle de la feue reine Nephté; que l'Horus tenait l'index de sa main droite sur sa bouche, mais qu'un pan de son manteau semblait être soutenu par une autre main qui était la sienne propre (celle d'Osoroth), représentée sous la figure d'Osiris. Enfin, il offrait pour la rançon de son fils, non-seulement tout le nome de Coptos, mais encore la moitié de son royaume.

Méphrès, à la réception de ce message, le fit publier dans ses États, promettant en son propre nom une récompense extraordinaire à ceux qui lui ramèneraient Aménophis, si toutefois il n'était pas mort. Mais ces recherches furent infructueuses; et le roi de Thèbes répondit à celui de Memphis qu'il n'avait pu rien découvrir sur le sort du jeune prince; qu'il acceptait le nome de Coptos, unique sujet de la guerre, comme ayant toujours appartenu aux rois, ses prédécesseurs; mais que, quand même il aurait été assez heureux pour retrouver Aménophis, il n'aurait mis la restitution d'un prince dont lui-même honorait la mémoire, qu'au prix d'une paix équitable.

Le lecteur a vu qu'Azarès, l'esclave d'Aménophis, s'était emparé de l'anneau de ce jeune prince sur le champ de bataille. Cet Arabe rusé, après quelque séjour en Arabie, où il avait été conduit avec les autres prisonniers, jugea nécessaire à ses desseins de faire courir un bruit vague qu'Aménophis était caché dans cette contrée. Intimement convaincu de l'avoir vu mort, il ne craignait point de le voir reparaître. En conséquence, il se présenta sous le nom d'Aménophis au roi de Mériaba, en lui demandant le secret, sous prétexte d'attendre une occasion favorable de rentrer dans le royaume de Memphis, et de faire rendre aux Arabes les provinces que les Égyptiens avaient conquises sur eux. Mais sa véritable intention, en demandant ce délai, était de laisser au temps le soin de changer son visage, qui, devant perdre la fleur de la jeunesse dans un petit nombre d'années, deviendrait, selon lui du moins, tout à fait méconnaissable à tous ceux qui ne l'auraient point vu depuis la bataille de Coptos. Il voulait ainsi surprendre la cour de Memphis par une insigne imposture.

Un assez long temps s'étant écoulé, Azarès, dévoré par une ambition criminelle, fit donner avis officiel de l'existence d'Aménophis au vieux roi de Memphis, et revendiqua hautement les droits de sa naissance. Osoroth, étonné de cette nouvelle inattendue, et plus encore du ton insolent qui l'accompagnait, soupçonna sans doute que l'on voulait le tromper, connaissant trop d'ailleurs le respect filial d'Aménophis et ses autres qualités pour le croire capable d'une pareille conduite. Il ne fit donc à ce message qu'une réponse vague et indifférente. Mais Azarès, déterminé à poursuivre le rôle qu'il avait usurpé, montra publiquement l'anneau d'Aménophis dont il était possesseur, et passa bientôt parmi les Arabes pour ce prince lui-même. Le faux Aménophis, par ses intrigues, n'eut pas de peine à faire entrer dans ses intérêts plusieurs rois de l'Arabie qui mirent à sa disposition de nombreuses armées destinées à soutenir une cause qu'on croyait bien légitime. Il adressa bientôt après au roi de Memphis un manifeste outrageant en lui déclarant la guerre.

Le faux Aménophis ne tarda pas à commencer les hostilités. Sous sa conduite, des hordes à demi-sauvages se précipitèrent sur le royaume de Memphis, et portèrent la désolation et la ruine dans toute l'Égypte.

Mais tous les efforts du faux Aménophis vinrent se briser contre la valeur et la prudence d'un général du roi de Tyr qu'on appelait Chérès, qui battit plusieurs fois les bandes arabes et les força de reculer. En récompense de ce service signalé, le roi de Tyr voulut procurer à son général, qui était d'origine égyptienne, un titre d'honneur qui lui fût conféré par tous les rois réunis, et qui remplaçât en quelque sorte la naissance qu'il croyait lui manquer. Il envoya donc dans toutes les cours des agents fidèles et éloquents pour demander en faveur de Chérès le titre de *Conservateur de l'Égypte*. On représenta à ces souverains que le général tyrien avait mérité ce titre par la déroute et l'expulsion des Arabes; que ce titre même lui donnerait un nouveau zèle contre eux, dans le cas d'une invasion nouvelle que l'on pouvait craindre. On ajouta que c'était à ces rois à récompenser réellement les grandes actions d'un Égyptien que les autres peuples de la terre ne pouvaient payer que de louanges. On leur fit entendre enfin qu'il était convenable qu'ils soutinssent par une reconnaissance utile pour eux, et qui leur coûtait si peu, la gloire que ce héros avait acquise à l'Égypte par des services si désintéressés. Les rois de Thèbes et de This, jugeant ce titre sans conséquence sur la tête d'un homme qu'on disait né dans la simple milice, n'hésitèrent pas à se prononcer affirmativement. C'est pourquoi ils ajoutèrent de leur propre mouvement qu'à ce titre serait attachée la fonction de général des armées égyptiennes dans les guerres étrangères. Le roi de Memphis, qui avait eu principalement à souffrir de l'expédition du faux Aménophis, applaudit, dans le premier moment, à cette récompense d'honneur qu'on voulait décerner à Chérès. Mais la reine, qui avait ressaisi les rênes du gouvernement, redoutait, sans le connaître, ce général tyrien, dont elle avait entendu vanter les hautes vertus. Elle forma donc différentes objections contre cette nouvelle dignité qu'on voulait créer, et elle n'y consentit à la fin que de peur qu'on ne se passât de son adhésion.

Des ambassadeurs, envoyés de la part de tous les souverains de l'Égypte, se concertèrent pour arriver en même temps à Tyr. Ils avaient ordre de leurs maîtres de remercier le roi de Tyr d'avoir inventé un titre par lequel il les faisait tous entrer avec lui dans le même témoignage d'estime et de reconnaissance à l'égard de Chérès. S'adressant ensuite à ce dernier, on le pria d'être satisfait d'une dignité qui commençait et qui finirait par lui. On lui témoigna que les souverains ne la croyaient pas trop grande pour un héros qui, après avoir fait tant d'honneur à l'Egypte par son nom seul, venait de lui rendre en personne un service signalé contre les Arabes; mais que dans les mêmes circonstances on ne l'aurait accordée à aucun homme d'un caractère différen ; et qu'enfin on ne la confiait qu'à sa vertu, avec la complète certitude que cette même vertu l'engagerait à conserver pour sa patrie une affection dont il avait donné des preuves avant d'avoir reçu d'elle d'autres bienfaits que la naissance.

Chérès répondit qu'il n'appartenait qu'au roi qui

avait demandé pour lui cet insigne honneur, de remercier dignement les princes qui le lui décernaient
avec tant de générosité; mais que, malgré la disposition où il avait toujours été de verser tout son sang
pour la patrie, il espérait que l'union des rois entre
eux, rendant l'Egypte redoutable aux ennemis du dehors, ne ferait de sa nouvelle dignité qu'un titre sans
fonctions, et que, bien loin d'en vouloir abuser, il
souhaitait de n'en jamais faire usage.

De son côté, le roi de Tyr ménageait une autre
récompense à son général. Il se proposait de le donner pour époux à la princesse Mnévie, sa fille, qui
avait conçu la plus vive admiration pour le noble
caractère du héros. Il fit venir Chérès dans son cabinet, dans le but de lui inspirer la hardiesse d'aspi-
rer à sa fille.

— Chérès, lui dit-il, la dignité à laquelle viennent de vous élever tous les rois de l'Égypte répond
au service général que vous avez rendu à toute la
nation. Mais ma dynastie, ma personne et celle de
ma fille ayant été délivrées par votre courage d'un
danger imminent, je suis redevable envers vous d'une
récompense particulière, et je n'en ai pas de plus
précieuse à vous offrir que ma fille elle-même.

— Prince, répondit Chérès, je suis vivement touché de votre générosité. Un présent d'un si haut prix flatterait l'ambition de tout autre; moi, je me réjouis surtout de la liberté qu'il donne aux sentiments de mon âme. Car, seigneur, je l'avoue, je nourrissais en silence une respectueuse affection pour la vertueuse princesse qui vous doit le jour; et je n'en aurais jamais parlé sans l'approbation que...

— Eh bien, alors, reprit le monarque, je ne vois point d'obstacle à cette union.

— Prince, dit Chérès, pardonnez-moi de retenir un peu votre impatience, qu'égale au moins la mienne. Il faut que je remplisse un devoir sacré, et vous m'approuverez assurément...

— De quoi s'agit-il donc, Chérès? Parlez avec confiance.

— Seigneur, je sais que mon père vit encore, quoiqu'il ne s'avise pas de me chercher dans les aventures extraordinaires où la fortune m'a jeté; c'est à moi à aller au-devant de lui pour obtenir son consentement à l'égard d'un mariage dont les rois mêmes se tiendraient fort honorés. Je ne vous demande pour cet éclaircissement que la permission de faire un voyage que mon impatience rendra très-court.

Le roi conçut un nouveau degré d'estime pour

Chérès par suite de cette ouverture; il ne pouvait
qu'admirer ses sentiments de piété filiale, et il lui
accorda une autorisation qu'il trouvait convenable
par rapport à sa fille même. Cependant il fut convenu que ce nouvel engagement demeurerait secret
jusqu'au retour de Chérès.

Chérès était sur le point de partir, lorsqu'on apprit de plusieurs endroits que le faux Aménophis,
ayant obtenu du roi de Mériaba une armée plus forte
que la première, attendait la fin du débordement du
Nil, déjà presque retiré, pour venir attaquer le
royaume de Memphis. Il avait persuadé au roi arabe
que Chérès s'était désarmé lui-même en renvoyant
les troupes qu'il avait formées pendant plusieurs années, et qu'il lui serait impossible de tirer les mêmes
services de la milice égyptienne, qui depuis longtemps
n'avait été employée à aucune guerre considérable.

Cette nouvelle redoubla dans Chérès l'impatience
de partir, et changea son plan de voyage. Au lieu de
se glisser secrètement dans Memphis, ainsi qu'il l'a-
vait d'abord projeté, il voulut que sa marche fût
celle d'un général d'armée. Au moment des adieux,
le roi l'engagea à ménager sa vie et à presser son retour, autant que le service de l'Égypte et l'intérêt de
sa gloire pourraient le lui permettre.

— O justes dieux! dit Chérès avant de partir, affermissez de plus en plus la résolution que vous m'inspirez dans ce moment de me conduire en toute circonstance selon les lois de l'honneur et de la vertu, quoi qu'il puisse m'en coûter. La première de ces lois est sans doute de remplir actuellement la fonction dont ma patrie m'a honoré, et de suspendre pour elle tous les troubles de mon esprit et de mon cœur.

Il suivit ce projet sur-le-champ, et, tout entier à ses devoirs, il commença à faire filer les troupes qu'il avait choisies dans la milice de Tyr, en leur assignant comme lieu de rendez-vous une province du royaume de Memphis. Puis, il dépêcha des courriers pour demander, selon le droit de sa nouvelle charge, les soldats de Thèbes et de This qu'il fit prendre sur les frontières de ces deux royaumes, en leur faisant donner le même rendez-vous. Il se mit ensuite en route, accompagné de la suite que comportait sa dignité de Conservateur de l'Égypte.

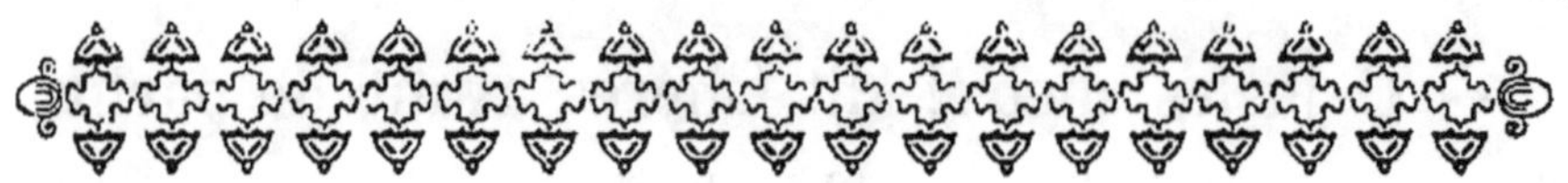

CHAPITRE XV.

Asarès vient, avec une flotte formidable, attaquer le royaume de
Memphis. — Chérès brûle sa flotte, défait son armée
et le prend lui-même tout vivant.

EN entrant dans Memphis, Chérès, en proie à une foule de souvenirs d'enfance et de jeunesse, ne put s'empêcher de s'attendrir. L'extérieur des maisons, la tristesse des citoyens lui firent craindre qu'un gouvernement dur et injuste ne pesât sur sa ville natale. Il reçut dans toutes les rues les hommages qui n'étaient point interdits au zèle du peuple. La reine avait retranché du cérémonial tout ce qui avait pu dépendre de son pouvoir. Cependant la milice, tous les gens de guerre, placés pour ainsi dire sous l'autorité du général à cause de son titre de Conservateur, se trouvèrent tous sur son passage et lui firent un nombreux et brillant cortége jusqu'au palais du roi.

La seule approche de Chérès avait causé un ébranlement extraordinaire dans l'âme d'Osoroth. La vertu de ce héros, plus encore que ses exploits, le touchait profondément, et il voyait avec défiance les dispositions hostiles de la reine à l'égard de l'homme qui allait peut-être sauver son royaume. Il l'envoya prier de vouloir bien entrer seul dans son cabinet. Chérès alla se prosterner aux genoux du vieux roi assis qui lui tendait les bras.

— Vertueux et brave Chérès, lui dit Osoroth en le faisant relever, vous croyez peut-être qu'on a quelque sujet de me reprocher les alarmes qui affligent en ce moment mon royaume et toute l'Égypte, à cause de la réponse un peu froide que j'ai rendue à mon fils aîné lorsqu'il m'a fait dire qu'il vivait encore. Mais, outre qu'après avoir fait connaître son existence, il aurait pu rentrer auprès de moi avec le temps dans tous ses droits, la réponse insultante qu'il m'a transmise aussitôt et qu'il a soutenue par une guerre ouverte, prouve aujourd'hui que, malgré les espérances que m'avait données sa première jeunesse, j'aurais fait un funeste présent à mon peuple en le nommant mon successeur. J'avoue qu'après l'exemple funeste de la nuit de Coptos, le seul nom de la reine dût l'empêcher de revenir dans mon palais, et qu'ayant eu depuis la faiblesse de rappeler

cette femme de l'exil où je l'avais envoyée, Aménophis avait encore sujet de la craindre dans les derniers temps où il m'a fait proposer son retour. Mais
la loi qu'il voulut m'imposer de la bannir, avait quelque chose de si audacieux et de si insolent, qu'il m'a
mis lui-même hors d'état de l'exécuter. Je ne compte
donc plus pour mes enfants que les deux fils de Daluca. Je ne vous cachérai point qu'ils sont l'objet de
toute ma tendresse. Je me flatte qu'avec le temps
vous les trouverez dignes de votre amitié. Ils la méritent, du moins par l'estime profonde et la haute admiration qu'ils professent l'un et l'autre pour vos
vertus. L'aîné des deux, auquel je destine ma cou-
rone, est dans ce palais. Il s'éloigne peu de ma personne, et n'est jamais sorti du royaume. Quant au
second, il se livre à son goût pour les lointains voyages, et, sans la défense de sa mère, il aurait porté ses
pas vers vous. Actuellement il court vers les bords
de la mer Rouge pour les défendre contre l'invasion
d'Aménophis. Ce n'est pas sans dessein, brave Chérès,
que j'entre avec vous dans ces détails d'intérieur. Je
dois vous apprendre que la reine, qui a causé la perte
de mon fils aîné, alors qu'il était le plus aimable,
est la femme que je redoute le plus pour mes deux
autres fils qui sont les siens. Et c'est contre elle que

je vous demande votre protection pour eux, lorsque je n'existerai plus. Je vois très-clairement que tout le zèle qu'elle montre surtout à l'égard du prince Béon, son fils aîné, n'est qu'une voie qu'elle s'ouvre à elle-même pour conserver la souveraine puissance. Je vous prie d'inspirer à mon fils, par vos conseils, une vigilance et une fermeté qui m'ont toujours manqué, pour le malheur de mes peuples et le mien propre. Je vous choisis, brave Chérès, et c'est la voix publique qui m'indique ce choix, je vous choisis pour être le tuteur et le père de mes deux enfants. Quoique le titre de Conservateur vous donne des attributions plus étendues, j'ose espérer que les intérêts du royaume de Memphis, votre patrie, obtiendront de vous quelque préférence.

— Seigneur, répondit Chérès, la confiance dont vous m'honorez, m'inspire encore plus de zèle pour les princes vos fils. Aménophis lui-même deviendrait le défenseur de ses frères regardés jusqu'ici comme ses rivaux.

Alors le roi fit venir le prince Béon, à qui Chérès fit toutes les protestations d'attachement et de service, que celui-ci pouvait attendre de lui. Le jeune prince les reçut avec de vifs témoignages de reconnaissance et même avec un respect marqué.

Aussitôt que Chérès se trouva seul avec le prince Béon, il lui dit que dans une guerre qui menaçait l'intérieur du royaume, et qui semblait dirigée contre le roi personnellement, il croyait qu'un fils, destiné par son père à lui succéder au trône, devait prendre lui-même les armes et donner des preuves de son courage.

— La reine ma mère, répondit le prince Béon, n'a jamais voulu me donner à cet égard son consentement que je lui ai souvent demandé.

— Mais, prince, reprit Chérès ; n'avez-vous pas un roi et un père ? Pressez-le de vous laisser la liberté de me suivre. Cette permission vous suffira dans cette circonstance.

Le jeune prince courut aussitôt chez le roi qui n'hésita point à donner l'autorisation demandée, tant il avait de confiance dans le noble caractère de Chérès.

Le Conservateur de l'Égypte, avant de partir, alla trouver la reine, et lui parlant d'un ton qui ne marquait ni fierté, ni soumission, il lui dit :

— Madame, désirant inspirer aux rois de l'Égypte le zèle nécessaire pour se soutenir mutuellement contre les ennemis du dehors, j'ai amené avec moi de Tyr et de Phénicie quarante mille hommes de troupes qui seront soudoyés par leur propre souverain. Je ne veux que cent mille hommes de troupes réglées, il n'en reste donc que soixante mille à prendre dans la milice de Memphis.

La reine répondit qu'on en avait déjà envoyé un bien plus grand nombre sur les frontières maritimes, et qu'elle serait obligée d'en rappeler une partie.

— C'est bien, c'est bien, dit Chérès, on peut les laisser à l'armée ; ils serviront pour fortifier les garnisons déjà établies sur les bords de la mer ; mais je vous supplie, madame, de ne pas négliger les demandes de provisions de guerre et de bouche que j'aurai l'honneur de vous adresser.

La reine était secrètement offensée d'une pareille recommandation qui prouvait que Chérès connaissait ses mauvaises intentions ; elle n'était pas moins irritée de le voir emmener son fils aîné ; mais elle dissimula ses sentiments, se contentant de dire au Conservateur qu'il voulût bien ne s'adresser qu'à elle, parce qu'il était tout à fait inutile de fatiguer le roi au sujet des affaires de la guerre.

Chérès, avant de s'éloigner de Memphis, profita de la nuit pour s'introduire secrètement dans la maison des prêtres.

Le jeune prince Béon était marié avec une fille du roi de This et en même temps nièce de la feue reine Nephté, dont elle était la vivante image. La douleur de cette princesse se peignit sur son beau visage, lorsqu'on lui apprit que son époux allait courir les hasards de la guerre. Mais Chérès n'eut pas de peine à lui faire comprendre que l'honneur et le devoir demandaient également ce sacrifice. Alors la jeune princesse se résigna, mais elle dit que, pendant son absence, elle allait se retirer chez les prêtresses dans le palais sacerdotal. Chérès loua beaucoup ce dessein.

— Je compte beaucoup, lui dit-il, pour le succès de notre entreprise, sur les prières que vous adresserez aux dieux pendant votre retraite.

Le lendemain, un peu avant le lever de l'aurore, Chérès partait de Memphis avec le prince Béon, et avec quelques troupes qu'il avait réservées pour leur escorte particulière. Le principal but de Chérès dans cette nouvelle campagne était de prendre vivant l'imposteur qui se faisait passer pour Aménophis. Il voulait lui faire avouer son crime de sa propre bouche, pour que sa déclaration eût un caractère plus solennel. Après avoir passé au delà de la grande île formée par le Nil à l'orient de Memphis, il s'arrêta dans une situation commode, à dix lieues de la mer Rouge, jugeant à propos d'établir là le centre de ses opérations. Ensuite, laissant Béon avec le titre de

commandant et l'assistance de quelques officiers ex-
périmentés, il l'avertit de recevoir et de placer dans
les quartiers qu'il lui assigna les troupes auxiliaires
qui devaient arriver. Après quoi, prenant avec lui
quelques hommes d'escorte, il se dirigea vers les côtes de la mer, pour acquérir, de ses propres yeux,
quelques notions positives sur la flotte ennemie.

Chérès fit ensuite tous ses préparatifs de défense.

Les troupes arrivaient successivement et en bon
ordre au rendez-vous général. Enfin, au bout de six
jours, on découvrit en mer une flotte formidable qui
paraissait faire ses dispositions pour opérer une descente. A la vue de l'ennemi, Chérès fit aussitôt lever
son camp de douze mille hommes avec une promp-
titude qui semblait annoncer une retraite précipitée.
Les soldats avaient ordre d'abattre leurs tentes sans
les emporter, et de se mettre en marche aussitôt.
Chérès leur avait même recommandé de laisser tomber le long du chemin quelques armes et autres effets, comme il peut arriver à des troupes en fuite.
Ses mesures néanmoins étaient prises de telle sorte
que, quelque diligence que fît la flotte pour débar-
quer, elle devait laisser trois grandes heures d'a-
vance aux douze mille hommes. Mais, comme on
ne s'était point opposé à la descente des Arabes, il

en résulta que l'arrière-garde même de leur armée, profitant d'une brillante lune, se trouvait à minuit à trois ou quatre lieues de la mer. Un des généraux de Chérès, posté là par son ordre, attendit qu'ils fussent tous passés pour réunir en corps soixante mille hommes, qui devaient couper la retraite aux ennemis. Cette manœuvre si importante fut exécutée cette même nuit avec toute la hardiesse et tout le bonheur désirables. Dans le même temps, trois cents petites barques furent conduites auprès de la flotte arabe. Elles étaient chargées de matières combustibles, et trouvèrent moyen d'embraser en un instant deux cents vaisseaux, dont trois ou quatre purent à peine s'échapper pour aller porter en Arabie la nouvelle de cet affreux désastre, qui semblait en présager un autre pour les troupes débarquées.

Cependant Asarès, le faux Aménophis, à la tête de ses bandes arabes, s'avançait dans le pays qu'il connaissait parfaitement. Il était enchanté d'avoir quitté ses déserts pour aller s'établir dans les gras pâturages de l'Egypte, qui le rapprochaient d'ailleurs de Memphis, objet de son ambition. Il espérait aussi surprendre les ennemis; et son armée, forte de cent vingt mille hommes, le rassurait contre les obstacles qu'il s'attendait à rencontrer. Néanmoins l'as-

pect menaçant d'une armée rangée en bataille qui
s'offrit à lui au point du jour, le surprit extrêmement. Il n'avait même plus la liberté de s'étendre à
droite ou à gauche. Chérès s'était posté dans un endroit où le chemin se rétrécissant formait une gorge
longue entre une colline d'une certaine hauteur et
un bras du Nil. Le Conservateur avait si bien disposé
ses soldats qu'ils avaient l'avantage de n'avoir point
devant les yeux le soleil levant. Un inconvénient
grave pour Asarès c'est qu'il avait cru devoir marcher toute la nuit, pour épargner à son armée une
traite de dix lieues en plein soleil sur un sol sablon-
neux. Ainsi ses troupes arrivaient harassées et presque à la débandade devant des troupes fraîches et
en bon ordre.

Tels étaient les avantages que Chérès s'appliquait
à donner à ses soldats; et sa maxime favorite était
qu'un général méritait bien mieux le nom de grand
capitaine en rendant la victoire aisée, qu'en en rem-
portant une qu'il aurait laissé rendre difficile.

Ainsi, sans donner aux Arabes le temps de se reconnaître, Chérès fit tomber sur eux la cavalerie
phénicienne suivie de toute son armée, en ayant
toujours soin de garder auprès de lui le prince Béon,
qu'il ne voulait exposer à des périls ni plus grands

ni moindres que les siens. Asarès, se rappelant en cette occasion toute la capacité et toute l'intelligence du général ennemi, laissa à ses principaux officiers l'ordre de soutenir cette attaque le plus longtemps possible, en ne reculant que peu à peu, tandis qu'il allait à toute bride faire mettre en bataille les troupes qui arrivaient successivement sur le terrain.

Revenant donc sur ses pas, et appelant à lui tous ceux qu'il rencontrait, il forma ses premières lignes dans un endroit de la gorge dont on vient de parler, et il les fortifia tout de suite à mesure que d'autres troupes arrivaient. Celles qu'il avait chargées de faire tête à l'armée égyptienne, se défendirent si bien pied à pied, qu'il ne les vit reculer jusqu'à lui qu'après avoir eu le temps de former un corps de bataille très-nombreux.

Ce fut alors que l'espérance d'un côté et le désespoir de l'autre produisirent des exploits vraiment héroïques. Comme il survenait toujours des troupes à Asarès, il soutint longtemps le double travail de les ranger en bataille et de combattre. Au milieu des périls auxquels il s'exposait, il remarqua l'attention que les Égyptiens apportaient à épargner sa personne. Il s'en prévalut pour porter ses ordres partout, avec encore plus de hardiesse qu'auparavant.

Mais, voyant que, malgré tous ses efforts, le carnage s'étendait de plus en plus du côté de ses Arabes, alors transporté d'une aveugle fureur, il s'élance vers Chérès, il le cherche au milieu de la mêlée, il le trouve enfin. Tandis que le Conservateur porte tous ses regards d'un autre côté, le traître se dispose à faire voler sa tête en le frappant au défaut du casque et de la cuirasse; mais le prince Béon heureusement s'aperçoit à temps de son dessein, et reçoit le coup sur son bouclier. Ce coup était si violent que le jeune prince en perdit pour trois jours l'usage de son bras gauche; il n'en continua pas moins à combattre bravement avec son épée, quoiqu'il ne pût seulement soulever son bouclier.

Mais Chérès, averti par la violence du choc, a vu le péril et le secours. Alors, reconnaissant son adversaire, il se sert de son merveilleux coursier et le fait cabrer à côté de celui d'Asarès. L'animal docile embrasse le cavalier avec ses deux jambes de devant, et le fait rouler par le seul poids de son corps de l'autre côté de la selle. Aussitôt Chérès donne ordre à trois officiers de confiance de se saisir du général ennemi, de l'emmener au camp, et de l'enfermer de manière qu'il ne puisse communiquer avec personne.

Voyant leur général fait prisonnier, les Arabes

ne cherchent plus leur salut que dans la fuite ; ils
s'exhortent mutuellement à regagner leurs vaisseaux. Mais une autre armée leur barre le chemin de
la mer ; il faut encore combattre, ou mourir. Alors
l'armée égyptienne fit un carnage effroyable des
Arabes. Mais, par humanité, Chérès fit crier partout que la flotte arabe était anéantie, qu'une plus
longue résistance était inutile. A cette nouvelle, les
Arabes immobiles cessèrent le combat et se laissèrent
désarmer sans dire un seul mot ; ils fournirent ainsi
soixante mille esclaves aux Égyptiens.

Après cette victoire, Chérès congédia toutes ses
troupes avec des éloges et des récompenses convenables, et se disposa à revenir à Memphis avec le
prince Béon, tous deux suivis des officiers et des
compagnies qui composaient leurs gardes.

CHAPITRE XVI.

Asarès est conduit à Memphis; il avoue publiquement son imposture, et fait reconnaître Aménophis dans la personne de
Chérès.—Le roi abdique en faveur d'Aménophis,
qui fait grâce à son esclave.

Hérès, vainqueur des Arabes, et maître de la personne d'Asarès qui avait
usurpé le nom d'Aménophis, avait fait
mettre son captif dans un chariot où il était
seul et assis, sans autre incommodité que
de ne voir personne. Là, on le servait, sans
lui dire une seule parole, dans les haltes du
voyage. Pendant la nuit, Chérès fit dresser un lit
dans ce même chariot pour le prisonnier enfermé
dedans, et en confia la garde à des sentinelles qui
se relevaient d'heure en heure.

A son arrivée à Memphis, Chérès se rendit aussitôt au palais, et présentant au roi le prince Béon, il
lui dit en présence d'une cour nombreuse:

— Seigneur, votre fils, outre une infinité de preuves de courage et de prudence qu'il a données, m'a rendu personnellement un service signalé. Je lui suis redevable de la vie, car il a paré le coup que me destinait le général ennemi. A l'égard de ce chef que j'amène ici captif, je crois important qu'on fasse dresser devant la porte du palais une grande estrade, et que là, on lui fasse subir un interrogatoire devant tout le peuple assemblé.

— Votre volonté, Chérès, sera la mienne, répondit le vieux roi de Memphis.

— Nous verrons, ajouta Chérès, comment il répondra aux questions que je lui ferai. Je me ferai assister dans cet examen par des prêtres qui avaient suivi Aménophis depuis sa première enfance jusqu'à la fin de son initiation ; et j'invoquerai les lumières de plusieurs seigneurs ici présents, qui ont connu la reine Nephté.

— Tout cet appareil est inutile, s'écria la reine qui craignait les suites de cet éclaircissement. Il suffit d'enfermer Aménophis dans une prison perpétuelle : punition encore trop douce pour sa révolte et pour les maux qu'il a causés à l'Égypte.

—C'est pour cela même, répliqua Chérès, qu'il faut soumettre le criminel à un jugement public, qui en condamnant la personne justifiera peut-être le nom.

—Le Conservateur a raison, dit hautement le roi, et je lui remets cette affaire pour la suivre et la terminer comme il le jugera à propos.

Chérès s'inclina devant le roi et la reine, et sortit pour donner des ordres. Une estrade fut élevée, en moins d'une heure, assez près du balcon pour pouvoir entendre de part et d'autre ce qui serait dit. Alors Chérès, accompagné d'un certain nombre de prêtres et de seigneurs, monta le premier sur l'estrade. Le roi, la reine, ses deux fils, une foule de courtisans, hommes et femmes, occupaient le balcon ou se tenaient aux fenêtres du palais, attendant avec curiosité l'interrogatoire du captif et le jugement que prononcerait le Conservateur.

Enfin on amena le captif à travers les flots de la multitude. Dès qu'il fut monté sur l'estrade et en face de son juge ; dès qu'il aperçut la veste d'initié à travers les mailles de sa cotte d'armes, particularité à laquelle les autres assistants n'avaient point encore fait attention ; surtout quand il vit autour de Chérès une foule de prêtres qui n'allaient pas manquer de confondre le faux Aménophis par les seuls préliminaires de l'initiation, alors, la vérité triompha.

— Ah ! malheureux ! s'écria-t-il, je ne suis point

le prince Aménophis, je ne suis que son esclave Asarès. Je me repens pourtant moins d'avoir trompé le monde par le faux nom que j'ai pris, que je ne suis satisfait d'être le premier à reconnaître dans le héros ici présent le véritable Aménophis, mon maître et mon vainqueur.

Ces mots, le nom d'Aménophis, qu'on croyait mort, et la présence de ce jeune prince répandirent la surprise et la joie parmi tous les assistants. Daluca seule devint pâle comme un fantôme et parut près de s'évanouir.

En même temps, Asarès tirant un anneau de son doigt, dit en s'adressant au héros à qui nous rendrons son vrai nom :

— Seigneur, je vous remets l'anneau que je vous pris dans la fatale nuit de Coptos. Le ciel m'est témoin que je ne vous l'ôtai que lorsque je vous crus mort de vos blessures. Vous étiez tombé à côté d'un des jeunes seigneurs, vos compagnons, qui vous crut mort aussi bien que moi.

— C'est moi-même, interrompit un guerrier de l'âge d'Aménophis, qui était à l'une des fenêtres du palais. Asarès dit vrai. Je dois rendre hommage à la vérité.

— Je vous avoue, seigneur Aménophis, dit

Asarès, reprenant son discours qu'on était impatient d'entendre ; je vous avoue que l'avantage que j'avais eu d'être élevé près de votre personne, m'avait persuadé, follement, que j'étais l'homme du monde le plus capable de vous remplacer. Les victoires que j'ai remportées dans l'Arabie, toute ma conduite même auraient soutenu jusqu'au bout cette opinion dans le public, si vous n'aviez pas reparu sous le nom du grand Chérès. Mais quelle est, ô dieux, la distance qui sépare les hommes ! Je n'ai pu égaler, en usurpant le nom déjà fameux d'Aménophis, la renommée qu'Aménophis s'est acquise sous le nom inconnu de Chérès. Que l'on me conduise au supplice ! je ne l'ai que trop mérité ; et mon arrêt, que je prononce par avance, est sans doute conforme à celui de mon juge. »

Ce témoignage, qui ne pouvait être douteux, fut confirmé aussitôt par celui de tous les prêtres, et surtout par deux d'entre eux qui avaient reconnu autrefois le jeune Aménophis dans l'île de Taprobane (1). Ils racontèrent, à la grande satisfaction de tous ceux qui pouvaient les entendre, comment le jeune prince avait été conduit dans cette île lointaine par une flotte phénicienne, commandée par un général nommé

(1) Aujourd'hui l'île de Ceylan, dans l'Inde.

Astarte, à qui le prince avait été remis comme un simple soldat de Memphis sous le nom de Chérès, et vendu par des Éthiopiens qui l'avaient pris blessé et presque mort dans le combat nocturne de Coptos. Ils dirent quelques mots de la victoire que son courage et son adresse avaient fait remporter par les Phéniciens sur les insulaires. Ils expliquèrent comment les deux nations réconciliées avaient cru pouvoir lui confier une flotte avec laquelle il avait entrepris et achevé glorieusement le tour de l'Afrique.

Ces deux prêtres attestèrent enfin qu'ils ne l'avaient jamais quitté quinze jours de suite, depuis sa sortie de la Taprobane jusqu'à sa rentrée en Égypte.

Alors le vieux roi demanda à voir ce fameux anneau qui, au lieu de faire reconnaître son fils tout d'un coup, avait failli faire triompher un imposteur. Aménophis le lui tendit sur le balcon de l'estrade. Mais il y joignit l'anneau de la reine Nephté, sa mère, qu'il avait reçu de sa main même en présence de sa première dame d'honneur.

— Je l'atteste, je l'atteste, s'écria une vieille dame placée sur le balcon et qui faisait éclater des transports de joie dont toutes ses paroles étaient entrecoupées ; je l'atteste, et je crois encore entendre et voir ma bonne maîtresse !

Ainsi le roi eut la satisfaction de pouvoir comparer ces deux pierres avec celle qu'il portait lui-même à son doigt, et de voir ensemble les figures des trois divinités qu'il avait fait autrefois tailler sur la même émeraude, et séparer ensuite pour en former les trois anneaux dont il a été fait mention au commencement de cette histoire.

Osoroth ne s'en tint pas là ; au milieu des acclamations joyeuses de la multitude, acclamations dont la signification n'était pas douteuse, il se fit porter sur l'estrade dans son fauteuil, car son grand âge ne lui permettait plus de marcher ; et là, donnant à sa voix le plus d'étendue possible, il dit en s'adressant à la multitude qui se pressait autour de l'estrade :

— « Je vois que mon peuple attend de moi que je rende à mon fils Aménophis l'assurance de ma succession ; je veux aller au delà de son attente et de ses vœux : je descends de mon trône en ce moment même pour le céder à un fils qui est plus que moi capable de le remplir. »

Aussitôt, détachant son diadème, il fit signe à Aménophis de se mettre à genoux, lui ôta son casque et lui mit au front le signe de la souveraineté. Cette courte cérémonie fut suivie de cris de joie et d'applaudissements qui empêchèrent tous ceux qui étaient là de s'entendre pendant un long intervalle de temps. Cependant le vieil Osoroth s'était retiré. Aménophis, demeuré sur l'estrade avec tous ceux qui l'avaient accompagné pour l'assister dans ses fonctions de juge, s'approcha aussi pour parler au peuple :

— Mes chers concitoyens, dit-il, bien que l'imposteur Asarès ait mérité la mort par la guerre qu'il a faite à notre commune patrie, je crois néanmoins devoir commencer mon règne par un acte de clémence. Ainsi j'accorde la vie au coupable et le retiens même à mon service. Mais je lui laisse le nom et la condition d'esclave, ce que je juge une assez grande punition pour un homme que son courage et sa capacité avaient fait parvenir au commandement des armées. »

Cette sentence, dictée par une âme noble et généreuse, provoqua encore de nouvelles marques d'admiration parmi le peuple, et tout le monde saluait avec espérance l'aurore de ce nouveau règne, qui commençait au milieu d'un concours d'événements si extraordinaires.

CHAPITRE XVII.

Aménophis raconte ses voyages et ses expéditions. — Son frère, le prince Pemphos, remplit quelques lacunes de ce récit, en retraçant, en détail, la mort du roi Antée.

PRÈS son abdication volontaire, le vieux roi Osoroth s'était retiré aussitôt dans un appartement écarté qu'il avait choisi dans le palais. Mais la reine Daluca, sa femme, qui se voyait, par suite de cette même abdication, déchue de toutes ses grandeurs, dépouillée de son absolu pouvoir et trompée dans ses plus chères espérances, se précipita sur ses pas pour l'accabler de reproches :

— Que venez-vous de faire, vieillard sans énergie? s'écria-t-elle pourpre de colère ; vous avez dépouillé nos chers enfants qui vous sont si dévoués, vous les avez dépouillés ; et pour qui? pour un aventurier, un vagabond qui a su se faire passer pour votre fils, lequel est bien mort, n'en doutez pas ! Vous vous êtes laissé aller à un premier mouvement de sensibilité, de faiblesse. Ne pouviez-vous me consulter pour un acte de cette importance ?

— Daluca, répliqua le vieillard réunissant en ce moment toute sa force de résolution, ce que j'ai fait est un acte de suprême justice ; je serais encore prêt à le faire. Le héros au front de qui je viens d'attacher le diadème est bien mon fils, mon fils dont vous aviez juré la perte, mon fils qui n'a répondu à votre haine que par les plus hautes vertus, mon fils enfin qui, par droit de naissance, sans compter tous les autres, doit tout naturellement me succéder. Je devais vous consulter, dites-vous ? hélas ! je ne l'ai fait que trop souvent pour le malheur de mes peuples... Puissent les dieux me le pardonner ! Vous croyant digne de remplacer dignement ma première épouse, l'excellente Nephté, j'avais mis en vous une confiance dont vous avez cruellement abusé... Je n'ai pas besoin, je pense, de vous citer des preuves ; elles surabondent autour de nous ; vous le savez mieux que moi...

— Mais nos enfants, que vont-ils devenir ? reprit Daluca avec des grincements de dents.

— Je leur laisse un excellent frère, reprit le vieillard ; Aménophis sera pour eux le meilleur des pères.

— Quelle certitude en avez-vous, pour parler avec tant d'assurance ?

— Celle que me donne le cœur vertueux d'Aménophis ; elle me suffit.

— Vieillard aveugle ! on vous trompe...

— Daluca, vous m'avez assez trompé... Assez, assez ; retirez-vous ; je ne veux plus vous entendre. Gardes, qu'on éloigne cette femme, et qu'elle ne franchisse plus le seuil de cet appartement ! qu'elle me laisse du moins mourir en paix !

A cet ordre, les gardes s'approchèrent de Daluca pour exécuter la volonté de leur maître ; mais elle, toujours impérieuse et hautaine comme au temps de sa toute-puissance, les repoussa fièrement.

— Je saurai bien sortir, dit-elle, sans que de viles mains touchent à ma personne ; sois bien tranquille, vieillard méprisable, je ne troublerai pas ton repos. Je te laisse dans ton coin obscur, où tu appelleras plus d'une fois la mort avant qu'elle vienne. Ce sont là mes adieux.

Après avoir proféré ces paroles d'un ton d'imprécation, Daluca se sauva au fond de ses appartements. Mais sa rage et son désespoir ne s'arrêtèrent pas là. Se voyant dépouillée de sa puissance passée et surtout de sa puissance espérée qui lui avait coûté tant de crimes ; persuadée , d'ailleurs , qu'Aménophis allait tirer vengeance de ses attentats et de toutes les vexations qu'elle avait exercées dans le cours de son administration, elle se fit justice à elle-même ; elle avala un poison qu'elle croyait plus violent et plus prompt qu'il ne le fut en effet.

La nouvelle du nouveau crime de Daluca se répandit bientôt dans le palais et dans tout le royaume de Memphis. Les peuples qu'elle avait écrasés de ses mesures iniques , en témoignaient hautement leur joie ; à l'exception de ses deux fils qu'accablait une légitime douleur , personne ne regrettait cette méchante femme, qui avait tout sacrifié à son ambition personnelle.

Cependant Daluca survécut assez pour apprendre qu'Aménophis avait déposé de leurs charges dans l'étendue du royaume les sujets indignes qu'elle en avait revêtus. Le nouveau roi s'en rapportait, pour de meilleurs choix aux prêtres de Memphis qui étaient instruits de tout, sachant bien qu'ils étaient incapables de lui faire de faux rapports dans l'intérêt de l'ordre sacerdotal. Daluca prit facilement son parti de la déposition de quelques-uns de ses officiers qui, n'ayant mérité son choix que parce qu'ils étaient méchants, s'étaient bien vite tournés contre elle-même.

Elle avait appris, à ses derniers moments, qu'un roi n'est servi fidèlement que par les hommes qui sont fermement attachés à la vertu, et que les hommes vicieux, qui feignent tant de dévouement à la personne des princes, ne sont dévoués qu'à leur fortune.

La première démarche d'Aménophis en quittant l'estrade où il avait été reconnu roi de Memphis, avait été de se rendre au palais, de demander à parler au roi son père, et de se prosterner devant lui. Mais le roi l'ayant fait relever, lui avait dit tout ému :

— « Aménophis, je puis donc mourir satisfait, puisque votre retour inespéré m'a donné l'occasion de faire la seule belle action de ma vie. Allez, allez, mon fils, allez recevoir sur-le-champ les hommages de vos nouveaux sujets. »

Les deux jeunes princes Béon et Pemphos (c'était le nom du second fils de Daluca), furent les premiers à le féliciter de son avénement, et à lui offrir leur dévoûment. Aménophis les embrassa avec une tendre affection, et leur promit de s'occuper de leur bonheur.

Le nouveau souverain était déjà, depuis plusieurs jours, en possession du trône, et, dans cet intervalle, il avait plusieurs fois parlé de la cérémonie de son couronnement. Mais, par convenance et par respect, il attendait, pour en fixer le jour, quel serait l'effet du poison que la reine s'était administré. Il se tenait exactement informé de l'état de la malade. Si elle ne devait pas succomber, son dessein était de garder la couronne pour réprimer cette femme ambitieuse et intrigante, qu'il ne voulait faire punir ni du vivant ni après la mort de son père, par vénération pour lui; mais il se proposait d'associer à la couronne le prince Béon, pour satisfaire l'inclination paternelle d'Osoroth, et pour remplir abondamment la promesse qu'il lui avait faite d'avoir des égards pour ses deux frères.

Mais quand il fut assuré que Daluca ne pouvait échapper à la mort qu'elle s'était procurée elle-même, il se crut maître de donner un plus grand essor à sa générosité, et se vit en position d'affranchir de tout soupçon et de toute jalousie le titre de Conservateur, que l'amour de la patrie et le choix de tous les rois de l'Egypte lui faisaient préférer au fond de l'âme à celui de roi de Memphis. Aménophis assigna donc un jour prochain pour une cérémonie qui devait être bien plus étonnante qu'il ne la faisait annoncer; car il n'avait communiqué ses intentions ni à la maison royale ni au public.

Mais, avant d'aller plus loin, nous devons faire

connaître ici quelques détails qui d'ailleurs ne peuvent manquer de piquer la curiosité du lecteur. Le roi Aménophis s'était fait un devoir d'aller chaque jour rendre à son vieux père un compte sommaire de sa conduite, et de passer quelques heures avec lui. La solitude où vivait Osoroth depuis son abdication imposait à sa piété filiale le devoir de chercher à rendre au vieillard cette vie retirée moins pénible. Le plus souvent, il y emmenait avec lui les princes Béon et Pemphos, et la vue de ses trois fils, unis par des liens si affectueux, réchauffait le cœur du vieux roi.

— Aménophis, dit-il un des premiers jours, il s'est écoulé bien des années depuis le jour où nous avons pleuré ta mort. Te voilà maintenant, j'en rends grâces aux dieux tous les jours, puisque tu es revenu pour faire le bonheur de mes sujets. Mais, à part ce qu'a dit le prêtre sur l'estrade, je ne sais absolument rien de tes aventures. Tu me dois, ce me semble, un récit plus circonstancié de tes voyages, et je compte que ta complaisance ne me le fera pas longtemps désirer.

— Vos désirs sont des ordres pour moi, mon père, dit Aménophis en s'inclinant avec respect ; je vous obéirai, quoiqu'il m'en coûte de vous entretenir ainsi de moi.

— Mon frère, nous vous en prions aussi, dit le prince Béon, ce récit doit non-seulement nous intéresser, mais encore servir à notre instruction.

— S'il en est ainsi, reprit Aménophis, j'en serai vraiment charmé. Je commence donc au moment où je tombai blessé à la bataille de Coptos. Des soldats éthiopiens s'étaient saisis de mon corps à la fin du combat, ils avaient reconnu en moi un souffle de vie que la fraîcheur de la terre avait fait renaître. Quoiqu'ils ne me reconnussent pas pour le prince de Memphis, cependant le fin acier de mon armure leur donna lieu de croire qu'ils tireraient une grosse rançon de ma personne. Sans avoir repris connaissance, je fus donc porté par ces barbares jusqu'à la ville de Phœnicon sur le chemin de la mer Rouge. Les marchands phéniciens y avaient formé un entrepôt assez considérable pour pouvoir donner leur nom à cette cité. Là, les soldats éthiopiens me dépouillèrent de mes armes et de mes habits, et jetèrent ma veste d'initié, dont ils ignoraient la mystérieuse valeur, et qui était tout ensanglantée. Ils me confièrent ensuite à des médecins de Phénicie, dont ils se servaient eux-mêmes pour leurs maladies. Ces médecins prirent de moi un soin extrême et s'intéressèrent à mon sort d'une manière dont je suis bien reconnaissant. Je leur cachai cependant mon nom et ma naissance; la prudence m'inspirait cette réserve. Je me fis donc passer pour un simple soldat de l'armée de Memphis, et pris dès ce moment le nom de Chérès, de sorte que les Éthiopiens qui venaient de temps en temps savoir de mes nouvelles, commençaient à renoncer à leurs riches espérances à mon sujet. Alors les Phéniciens proposèrent de m'acheter; le marché fut bientôt conclu ; de prisonnier de guerre je devins esclave.

A Phœnicon, j'avais appris la fausse nouvelle de ma mort, les regrets qu'elle avait excités dans la ville de Coptos, la part que le roi de Thèbes avait prise à cet accident, la douleur qu'avait montrée mon père, et la publication de la lettre qu'il avait adressée à tous les souverains. J'étais prêt à me faire connaître, quand je m'aperçus que mon anneau m'avait été enlevé. L'offre que le roi mon père faisait de la moitié de son royaume pour me racheter, me toucha profondément.

— Un fils comme toi, Aménophis, dit Osoroth, valait bien un pareil sacrifice, et je le faisais de bon cœur.

— Aussi je sentis tout le prix d'une telle offre, reprit Aménophis; et cette rançon excessive me fit prendre la résolution de me cacher encore davantage et de m'ensevelir tout vivant plutôt que d'être la cause d'un tel démembrement de la seconde et de la plus brillante monarchie de l'Égypte. Je m'affermis dans ce sentiment par l'espérance de rentrer quelque jour dans Memphis d'une manière plus favorable et plus glorieuse, et peut-être aussi par la satisfaction secrète que me donnait la perspective d'un long voyage que j'allais sans doute entreprendre avec de grands navigateurs, en général amis des Égyptiens auxquels ils rapportaient leur origine, et qui me témoignaient une considération particulière. Pour tout dire en peu de mots, je comptais aussi sur mon initiation pour les vertus dont j'aurais besoin sous mon déguisement et dans ma condition d'esclave. Pour prévenir les recherches importunes, je priai donc mes nouveaux maîtres de m'emmener avec eux au Port-Blanc dans le golfe arabique, où ils devaient s'embarquer ; ce qu'ils firent dès le même jour, en me portant sur un brancard pour m'épargner les secousses de toute autre sorte de transport.

Il se trouvait au Port-Blanc une flotte de quinze vaisseaux montés par dix mille Phéniciens. Cette flotte, quoique marchande, était armée en guerre. Les

Phéniciens se préparaient à porter du secours à leur colonie de l'île de Taprobane que les rois du pays menaçaient d'une expulsion prochaine. Je fus apporté dans le vaisseau du commandant par les marchands qui m'avaient acheté, et je lui fus présenté comme un simple soldat égyptien que personne n'avait réclamé. Ce commandant m'accueillit favorablement en ma qualité d'Égyptien; il promit de me laisser me rétablir à mon aise et de ne me donner que des fonctions qu'il se réservait de choisir lui-même. On mit à la voile le lendemain.

Mon rétablissement fut assez prompt. Au bout de quelques jours, je commençai à me lever dans le but de m'instruire des principes de la navigation. Je ne m'arrêterai point à vous dénombrer tous les peuples qui s'offrirent à nous en côtoyant l'Éthiopie la plus septentrionale. Après avoir joui des exhalaisons embaumées de l'Arabie-Heureuse, nous entrâmes dans les eaux de la mer Rouge. Il y avait déjà plus d'un mois que j'étais sur la flotte phénicienne. Le commandant nommé Astarte, homme de sens et d'expérience, m'avait pris en grande affection. Il se plaisait à s'entretenir avec moi, et paraissait émerveillé de la sûreté avec laquelle j'avais redressé quelques observations des pilotes. J'avoue que j'avais des règles ou des méthodes plus sûres et plus expéditives que les leurs, et que je n'étais pas fâché de me faire une nouvelle réputation sous le nom de Chérès, puisque celle que j'avais acquise sous mon vrai nom ne pouvait me servir de rien.

Une occasion se présenta bientôt de prouver que je pouvais rendre quelques services. Après une navigation toujours fort heureuse, et que nous avions faite plus à la voile qu'à la rame, nous avions atteint la hauteur de Cory, lorsque le soleil levant me fit découvrir du côté de l'île une armée navale plus forte du double que la nôtre. Les pavillons qui flottaient dans les airs nous indiquaient que c'étaient les trois rois de la Taprobane qui avaient joint leurs forces pour s'opposer à notre passage. Le conseil de notre flotte était d'avis, à la pluralité des voix, de virer de bord et de battre en retraite. Alors Astarte, dont la perplexité était au comble, s'avisa de me demander mon sentiment. Je me levai aussitôt, et m'adressant aux officiers réunis, je leur dis à peu près ceci :

« Seigneurs, quoique je ne sois qu'un étranger à votre suite, j'ai, ce me semble, plus de regret d'être venu si près de la Taprobane sans y aborder, que vous n'en avez de retourner en Phénicie sans pouvoir y porter la moindre nouvelle des colons, vos compatriotes. S'ils ont été égorgés, ne devez-vous pas aux intérêts de votre nation, établie en plusieurs autres endroits de la terre, l'exemple du châtiment de leurs meurtriers ? Si vos frères sont dans les fers, ne devez-vous pas faire tous vos efforts pour les délivrer ? N'entendez-vous pas mieux que ces peuples barbares que vous redoutez, l'art de combattre sur terre et sur mer ? Croyez-moi, la valeur et la science de la guerre sont bien peu de chose, si elles ne peuvent faire équilibre avec un nombre de vaisseaux qui n'est que double du vôtre. Tentez donc le combat : tel est mon avis. Quant à moi, j'essayerai de soutenir auprès de vous l'honneur de l'Égypte, ma patrie, et j'encouragerai peut-être vos soldats à venger la leur. »

Ces paroles, prononcées d'un ton ferme, firent revenir le conseil à la résolution d'attaquer la flotte ennemie. Tous les officiers retournant à leurs vaisseaux y portèrent le courage que je leur avais inspiré. Je me revêtis des armes défensives les plus légères que je pus trouver, et je demandai au commandant la fonction de porter ses ordres dans toute la flotte. Je parcourus en une heure tous les vaisseaux pour m'assurer de leur état de défense, et en même temps pour enflammer l'âme des soldats de l'espérance de vaincre l'ennemi.

Le combat s'engagea bientôt de toutes parts. Les insulaires commencèrent par lancer une nuée de flèches, armes souvent perdues sur terre, et presque toujours sur mer. Nos Phéniciens essuyèrent sans broncher cet orage peu dangereux. Quand les vaisseaux furent plus proches les uns des autres, on ne tarda pas à venir à l'abordage avec de grands harpons de fer ; les Phéniciens soutinrent le combat corps à corps avec intrépidité, et renversèrent un grand nombre d'ennemis. Le vaisseau sur lequel je me trouvais fut le premier accroché. Dès que je vis les crampons des insulaires bien arrêtés, et que l'attaque de bord à bord fut engagée, je m'élançai par-dessus les têtes des ennemis dans leur vaisseau ; et avec un grand sabre dont je m'étais armé et que je manœuvrais avec rapidité, je me faisais à moi-même un bouclier impénétrable qui éblouissait leurs yeux, et je faisais voler les membres de tous ceux qui osaient m'approcher. Cette manœuvre terrible détournait les ennemis du bord de leur vaisseau et les attirait tous au milieu. Les Phéniciens, profitant de cette diversion, s'y précipitèrent avec impétuosité, y firent un carnage effroyable, et s'en rendirent bientôt maîtres.

Je fis avec succès le même mouvement sur plusieurs autres vaisseaux qui furent tous pris de la même manière. Cependant, sur d'autres points, les insulaires faisaient bonne contenance et combattaient avec avantage; mais je vis que bientôt le jour allait finir et que le combat n'amènerait aucun résultat décisif. Il fallait prévenir cet inconvénient. Je fis préparer des matières inflammables et combustibles, et songeai à achever par le feu une victoire qui était trop lente avec le fer. Je me rendis dans le vaisseau du commandant pour lui communiquer mon projet, lui proposant de sacrifier trois des vaisseaux capturés, dont on ferait passer les équipages dans un autre. Ces trois vaisseaux furent donc remplis de matières combustibles qui ne devaient prendre feu que dans un temps déterminé.

Le commandant ayant approuvé mon dessein, je choisis pour chacun des trois vaisseaux quarante hommes des plus braves et des plus adroits de la flotte, et leur déclarai que, dès le coucher du soleil, il s'agissait de s'approcher assez de la flotte ennemie de manière à pouvoir aborder les insulaires des deux côtés. Je leur dis aussi de faire un semblant de résistance, mais qu'aussitôt après ils courussent aux poupes des trois vaisseaux, et qu'ils se laissassent couler le long de plusieurs cordes disposées à cet effet qui les conduiraient dans des chaloupes placées à proximité. La chose fut exécutée comme je l'avais prescrit. Les trois vaisseaux s'enflammèrent tout à coup, et leur vue remplit de terreur les insulaires qui s'enfuirent à force de voiles et de rames, et dans le plus grand désordre. La flotte phénicienne faisait éclater des transports d'allégresse en voyant cette flotte innombrable des insulaires dispersée comme par enchantement.

Le lendemain matin, nos troupes opérèrent la descente. Les trois rois de la Taprobane nous envoyèrent des hérauts d'armes pour demander une conférence. Le commandant y consentit très-volontiers. La cause des insulaires n'était pas aussi injuste qu'elle l'avait paru d'abord. On fit droit à leurs réclamations et tout rentra dans l'ordre au milieu des réjouissances publiques qui eurent lieu à l'occasion de la paix.

Il y avait à Galiba, l'une des villes de la Taprobane, des prêtres de l'Égypte, habillés en marchands selon leur usage ordinaire dans les pays étrangers. Ils se pliaient avec tant d'adresse aux coutumes de chaque contrée, et ils se conduisaient avec tant de prudence, qu'on ne les distinguait que par le bien qu'ils trouvaient occasion de faire. Je reconnus parmi eux quelques prêtres de Memphis et des officiers du second ordre, qui me reconnurent aussi tout d'abord. Je leur fis le signe du secret religieux en mettant la main sur mon cœur. Je leur racontai mon aventure; ils m'offrirent aussitôt tous les trésors dont ils pouvaient disposer, et j'acceptai leur offre, qui est, comme vous le savez peut-être, de droit à l'égard de tous les initiés.

Je revins aussitôt vers le palais destiné au chef de la colonie, et prenant le soir Astarte en particulier, je lui présentai le prix de ma rançon, tel que je savais qu'il l'avait payé aux marchands phéniciens qui m'avaient amené dans son vaisseau. Je le priai de recevoir cette somme, quand même ce ne serait que par pure formalité, la liberté d'un esclave étant attachée, dans l'opinion publique, à l'idée d'une rançon.

— Je n'accepte votre rançon que pour vous faire plaisir, me répondit Astarte; avant votre rançon, je vous tenais déjà pour très-libre; car les services signalés que vous venez de rendre aux Phéniciens sont de nature à remplir tous les engagements du monde.

Peu après je fus chargé du commandement d'une expédition à la grande île de Menuthias (Madagascar); il s'agissait de savoir ce qu'étaient devenus trois vaisseaux phéniciens partis depuis près d'un an pour cette destination, et dont on n'avait aucune nouvelle. Ma navigation fut si heureuse que ces trois vaisseaux n'arrivèrent à Menuthias que huit jours après ma flottille; ce qui donna un grand relief à l'entreprise que je venais de réaliser si promptement en traversant la pleine mer.

Dans cette île, usant de mes pleins pouvoirs, je m'appliquai à concilier les intérêts des rois de la Taprobane et ceux des naturels du pays. Je fis promulguer des lois équitables pour les esclaves, et j'envoyai deux vaisseaux, pour rendre compte de ce que j'avais fait, aux souverains de la Taprobane, dont j'avais assuré l'autorité dans la partie de l'île actuellement conquise. Un de ces vaisseaux portait une colonne d'ébène d'une longueur et d'une grosseur prodigieuses. Tout l'équipage jusqu'aux matelots était chargé de topazes et autres pierres précieuses, qu'ils avaient ramassées dans les rivières et dans les ruisseaux. J'attendis leur retour, afin de mettre les colons en possession du pays que nous venions d'acquérir pour eux. Dès que tous les établissements furent bien réglés, je fis équiper ma flotte entière, et l'ayant pourvue abondamment de munitions de guerre et de bouche, je mis à la voile pour Sophir, contrée riche en mines très-précieuses, mais dont les barba-

res habitants égorgeaient et dévoraient tous les étrangers qui tombaient entre leurs mains.

Mon dessein était d'aller toucher les côtes de l'A-
frique au fleuve Raptus, où les marchands d'Éthiopie
s'arrêtaient toujours par la crainte que leur inspi-
raient les anthropophages ; mais une tempête affreuse
dispersa mes vaisseaux : le mien fut poussé vers des
peuplades de l'espèce de celles dont je viens de parler. J'en châtiai les barbares habitants ; mais en
même temps je fis publier une amnistie, par laquelle
j'assurais non-seulement la vie, mais un traitement
favorable à tous les sauvages du pays, s'ils renon-
çaient à leur ancienne barbarie, et s'ils voulaient se
reconnaître dépendants de la Phénicie. Je me dirigeai
ensuite vers le territoire de Sophir, où j'arrivai sans
aucun obstacle et en délivrant sur ma route les prisonniers des anthropophages.

Les mines de Sophir se trouvèrent d'une richesse
étonnante. Quoique les Phéniciens fussent de grands
maîtres en l'art de conduire les travaux des mines,
les prêtres égyptiens que j'avais avec moi leur com-
muniquèrent le véritable secret de détacher l'or des
fragments de pierre qu'on apportait de la mine. On
ne le retirait auparavant que par des broiements
très-pénibles suivis de fontes réitérées. Les prêtres

égyptiens leur apprirent que le mercure versé sur la pierre simplement pilée enlevait aussitôt le métal précieux, et qu'il était aisé de séparer ensuite cet amalgame ou ce mélange, du sable ou du gravier qui pouvait s'y mêler encore, et qu'enfin il ne restait plus qu'à faire évaporer au feu le mercure qui laissait le métal au fond du creuset.

Je formai de nouveaux établissements à Sophir. au nom de la Phénicie; mais j'assurai aux gens de la Taprobane un quartier pour leur demeure dans cette colonie, et leur accordai un intérêt convenable dans le commerce phénicien. Avant de m'éloigner de Sophir pour continuer mon voyage de circumnavigation, je changeai les bateaux plats qui nous avaient amenés de l'Éthiopie en des vaisseaux plus profonds et plus propres à lutter contre la tempête.

Notre flotte, partie du promontoire Prason, et ne s'éloignant jamais des côtes, découvrit bientôt du haut de ses mâts un vaste bassin ou grande baie, où viennent se réunir quatre rivières. J'ordonnai la descente en un lieu si remarquable; mais tout l'équipage m'ayant objecté que si l'on voulait s'arrêter à chaque curiosité, on n'arriverait jamais au but principal de l'expédition, qui était de trouver l'extrémité de l'Afrique et un passage dans l'autre mer, je fus ravi de cette impatience qui répondait assez à la mienne, et nous continuâmes à naviguer. Nous visitâmes ainsi le Congo, où je rencontrai de grossières et horribles superstitions que je m'efforçai de détruire. Le principal fauteur de ces idolâtries était un mauvais ministre que je fis destituer sur-le-champ. Puis j'établis un vice-roi de la nouvelle colonie que je venais d'y fonder au nom des Phéniciens. Le roi de Congo reconnut la suprématie de la Phénicie tant en son nom qu'en celui de ses successeurs.

Cette cérémonie publique étant terminée, je fis lever le roi qui s'était agenouillé pour prononcer la formule de son serment ; et quand il fut remonté sur son trône, je lui parlai en ces termes :

« Roi de Congo, la Phénicie oublie pour jamais les injures que vous lui avez faites, parce qu'elle sait que vous n'en avez pas été le premier auteur, et qu'elles n'ont eu pour cause que les suggestions de vos ministres, et les menaces de vos devins. C'est par la même raison qu'elle vous rend la puissance souveraine sur vos peuples. Ils ont reconnu hautement votre équité et votre bonté naturelle. Si les cruautés que vous avez exercées sur eux avaient eu leur principe dans votre cœur, nous leur aurions donné un autre roi ; mais ils vous ont redemandé d'eux-mêmes avec instance. S'ils vous ont rendu justice dans le temps où les apparences parlaient contre vous ; s'ils vous ont été fidèles lorsque vous les abandonniez à la barbarie de vos sacrificateurs, quelle affection et quel zèle ne devez-vous pas attendre d'eux, lorsque, désabusé d'une superstition que nous avons confondue et châtiée, vous exercerez sur eux une autorité douce et raisonnable ? Comme on ne peut avoir de commerce agréable et avantageux qu'avec des peuples heureux et tranquilles, la Phénicie qui a intérêt que vous gouverniez les vôtres avec bonté, n'en a pas moins de les maintenir dans l'obéissance qu'ils vous doivent. »

A peine eus-je cessé de parler que le roi de Congo, frappé de la solidité de mes raisons, descendit de son trône, et me dit avec plus d'esprit que je n'en aurais attendu d'un sauvage :

« Seigneur, la Phénicie doit être satisfaite des témoignages de respect et de dépendance que vous m'avez fait donner à son égard ; mais je ne le suis pas moi-même par rapport à vous. Souffrez que de mon propre mouvement je vienne reconnaître en vous un homme supérieur à elle aussi bien qu'à moi. Quel dieu favorable vous a mis à la tête de la flotte phénicienne pour apporter la paix et la prospérité

chez des nations même qui repoussaient vos bienfaits? Votre victoire pouvait seule me délivrer de
l'oppression cruelle de nos sacrificateurs et de nos
devins. Il est impossible que mes peuples se sentent
plus soulagés que moi de l'extinction de leur culte et
de leur race. Rien ne m'empêchera désormais de regarder mes sujets comme mes enfants. »

Le roi fut interrompu par des acclamations qui
prouvaient l'affection qu'on avait pour lui, et combien on le croyait sincère dans sa promesse. Je laissai
un libre cours à ces joyeuses démonstrations. Puis,
demandant silence au peuple avec un signe de la main,
le dis au roi : « Seigneur, remontez sur votre trône ;
vous sentez bien que le spectacle de cette journée
n'est pas encore finei. »

En même temps, me tournant vers le ministre
qui avait été le principal auteur des maux du peuple,
et qui attendait sa sentence à genoux sur l'échafaud :

— « Et toi, malheureux, lui dis-je, qui dois être la
victime et le sceau de la joie publique, tu sais que si
l'on voulait proportionner ton supplice au nombre de
ceux que tu as fait égorger avec l'assistance de tes devins, toutes les parties de ton corps ne suffiraient pas
aux tourments qu'il faudrait te faire souffrir. Mais je
n'ai garde de nourrir ou d'exciter dans le peuple le

désir de la vengeance. C'est la justice et non la passion qui doit prononcer les peines dues aux criminels.
Je ne veux pas même ici autoriser dans les rois l'é-
norme licence des supplices arbitraires, qui est un des
sinistres symboles de la tyrannie. Il ne doit y avoir
dans un État qu'un nombre fixe de supplices dont les
degrés répondent à peu près à l'énormité des crimes
qu'on doit punir, et dont la rigueur serve à effrayer
les méchants, et non à satisfaire la cruauté du prince
et des peuples. Dans cette supposition même, ton
châtiment devrait être encore terrible. Mais, prenant
en considération l'attente où tu es de la mort depuis
plusieurs jours, aussi bien que les humiliations que
tu as essuyées dans cet intervalle , je t'ai réservé le
plus doux et le plus prompt de tous les supplices, celui d'avoir la tête tranchée. J'aurais voulu même te
sauver la vie, mais toutes les circonstances rendent
ton pardon impossible. Ta patrie ne peut recouvrer
sa sécurité que par ta mort ; elle aurait toujours sujet d'appréhender que la complaisance de ton roi ne
te laissât rentrer dans ses bonnes grâces.

Alors le condamné demanda à parler, et dit d'une
voix ferme :

« Quand tu voudrais me laisser la vie, sois-en bien
sûr, je ne l'accepterais pas. Je reconnais, aussi bien

que le roi et tout ce peuple , l'équité, l'humanité
même qui préside à tes projets, et qui dicte tes dé-
marches. J'ai mérité la mort, et elle peut seule apaiser les reproches que je me fais à moi-même. J'ose
seulement recommander à ta clémence ma jeune
femme et un enfant de cinq ans que je laisse après
moi ; tu n'as pas lieu de craindre que mes crimes ne
renaissent en eux. Ma jeune femme les a constamment désapprouvés, et elle élèvera mon fils dans des
maximes toutes contraires à celles que j'ai malheu-
reusement pratiquées. »

Je lui répondis sur-le-champ :

« Les criminels qui se reconnaissent à la mort sont
dignes de quelque pitié. Ta demande t'est accordée,
et le roi qui m'écoute ne m'en refusera pas l'accomplissement. »

Au même instant je détournai la tête, et l'exécu-
teur, sur un signal qui lui fut donné, fit voler d'un
coup de sabre la tête du criminel.

Je dis alors au roi :

— « Seigneur, la circonspection que j'ai apportée
dans le châtiment de ce grand coupable, fait voir quel
prix nous attachons chez les nations civilisées à la
vie des innocents. En condamnant votre ministre,
je vous ai épargné le chagrin de le condamner

vous-même ; mais de plus il est indigne d'un souverain de prononcer de sa bouche un arrêt de mort. Il
doit commettre le jugement des criminels à des tri-
bunaux de justice, et ne se réserver que l'adoucissement des peines, ou même la grâce absolue du condamné, lorsqu'il en croit l'exemple plus utile que
celui de leur punition. Roi de Congo, et vous, ses sujets, je résigne en ce moment l'autorité que j'ai exer-
cée en qualité de pacificateur, parce que je crois qu'elle
ne vous est plus nécessaire. Considérez-moi comme
un étranger, comme votre hôte. Je n'agirai dorénavant avec votre roi que par voie de conseil. Je vous
rends à l'obéissance que vous lui devez, et je l'invite-
rai à en faire un usage qui ne saurait être avantageux
pour vous s'il ne l'est pour lui-même ; car les vrais
intérêts d'un roi et de ses peuples sont inséparables.»

Je dressai ensuite de concert avec le roi divers règlements qui pouvaient convenir à des sauvages
d'ailleurs très-dociles. Ces règlements étaient assez
simples pour être retenus sans le secours de l'écri-
ture. Je voulais surtout que les habitants de Congo
fussent fidèles dans le commerce, et heureux à leur
manière. En un mot, je voulais plutôt les policer que
les polir.

Je quittai enfin cette nouvelle colonie, et notre

flotte remit à la voile ; ce n'était plus à la vérité pour parcourir comme auparavant des côtes inconnues. Nous allions directement au royaume de Guinée. Nos vaisseaux arrivèrent à Acara, capitale de la Guinée, sous la conduite d'un grand nombre de nègres que nous avions embarqués avec nous. Nous fûmes accueillis avec de grands témoignages de respect et d'admiration. Tous les naturels vinrent au-devant de nous sur le rivage en chantant et en dansant au son de plusieurs instruments, barbares comme eux.

Je trouvai dans le roi de Guinée un esprit tout préparé à me seconder dans mes projets de civilisation. Nous nous entretînmes de religion et de législation. A l'égard du commerce phénicien qui était mon objet général, je n'eus aucune peine à l'établir dans Acara. Les relations que les habitants de cette ville eurent avec les Phéniciens de ma flotte, leur apprirent que cette nation, non-seulement par de grandes spéculations, mais encore par son intelligence et par ses conseils, était très-propre à faire valoir leur commerce particulier. Ainsi, avant la fin de la seconde année, tous les ports de la Guinée étaient ouverts aux Phéniciens du cap des Palmes. Les prêtres égyptiens s'étaient aussi multipliés dans cette contrée.

Aussi quand le jour de mon départ fut arrivé, je

pus emmener avec moi, sans nuire au service de la
Guinée, les six prêtres qui me restaient de ceux que
j'avais pris sur ma flotte en partant de la Taprobane.
Comme ils ne m'avaient point perdu de vue depuis
le jour qu'ils m'avaient reconnu à Galiba, et qu'ainsi
mon visage avait à peine changé pour eux, ils étaient
à mon égard des témoins précieux pour le temps où
je jugerais convenable de reparaître sous mon véritable nom.

On m'avertit au cap des Trois-Pointes que pour
gagner le cap des Palmes, et même pour visiter la
côte jusqu'aux colonnes d'Hercule , il fallait prendre
de distance en distance des pilotes qui eussent une
parfaite connaissance des écueils et des bas-fonds,
ainsi que des entrées des ports qui avaient presque
tous leurs difficultés particulières. En effet, on me fit
tenir la haute mer jusqu'à la pointe occidentale du
cap des Palmes. Ce fut là pour ainsi dire le terme de
mon voyage ; car, ayant trouvé dans cet endroit une
grande colonie phénicienne établie avec l'agrément
du roi de Guinée, je venais de frayer une route continue et ignorée jusque-là entre les deux extrémités
de l'Afrique. Je me contentai donc d'inviter les né-
gociants phéniciens du cap des Palmes à former dans
le plus bref délai des relations avec ceux de la Nou-

velle-Phénicie, et je partis dans le dessein de visiter rapidement et comme par pure curiosité, les villes de la côte qui commence là à se détourner pour courir au nord.

Ma première halte fut au pays sacré des Hespérides (1), dont j'avais entendu parler dans l'Égypte même. Je m'arrêtai plus longtemps que je ne le pensais dans le pays des Atlantes, que le roi de cette contrée me permit d'étudier dans tous ses détails; permission dont j'usai largement et à ma grande satisfaction, comme vous allez voir.

Nous venions d'arriver heureusement à Banasa. Je me mis seul en marche pour la solitude des grands arbres que le roi m'avait signalée; je n'avais gardé qu'un costume fort simple, et prenant à la main un bâton, je partis à pied, avant le lever du soleil. La poussière et la chaleur du climat me donnèrent bientôt l'air d'un pèlerin. Je me rappelais en cet équipage les héros des temps primitifs, et je me félicitais de leur ressembler par ma simplicité, en attendant que je pusse atteindre à leurs grandes actions.

— Mon frère, votre modestie vous rend injuste envers vous-même, interrompit Béon.

(1) Ile presque fabuleuse qu'on plaçait dans la Lybie intérieure.

— Heureusement, dit Pemphos, que nous en savons assez pour remplir quelques-unes des lacunes de son récit.

—Que n'ai-je fait comme toi, mon cher Aménophis! dit le vieux roi en poussant un profond soupir. Mais, continue, mon fils.

Je me reposai deux fois à l'ombre des arbres, et me désaltérai avec l'eau du fleuve. Enfin, au bout de quatre lieues, je découvris une petite maison blanche dont m'avait parlé le roi des Atlantes ; je commençai à gravir la colline par un sentier étroit et couvert, et j'arrivai avant l'heure de midi à la porte de cette habitation. Ayant heurté doucement à cette porte, elle me fut ouverte par une personne vêtue comme une servante et occupée à préparer un repas ; mais son air noble et ses traits d'une parfaite beauté la mettaient bien au-dessus de cette condition. Je la saluai avec le même respect que j'aurais eu pour une princesse, et lui dis que, visitant les campagnes des Atlantes avec la permission du roi, l'attrait de la solitude m'avait éloigné du grand chemin, et que j'avais espéré qu'on voudrait bien me donner l'hospitalité dans cette habitation retirée. Cette personne me répondit du ton le plus affable :

« Seigneur, mon père sera ravi de recevoir dans

sa maison un homme tel que vous. Il est dans un petit appartement au-dessus de celui-ci. Mais, en attendant qu'il vienne, veuillez entrer dans l'appartement des hôtes. »

Puis prenant elle-même du pain et du vin, elle me conduisit dans une chambre, où elle me montra des armoires sans serrure, suivant l'usage de tout le royaume, et renfermant toutes les espèces de hardes dont je pouvais avoir besoin pour changer de vêtements. Elle me fit voir ensuite la salle de bain, au delà de laquelle s'étendait une allée couverte qui se terminait dans la campagne.

« — C'est ici, seigneur, me dit-elle, l'appartement que nous destinons à l'hospitalité. C'est vous qui l'habiterez le premier ; car, depuis que nous sommes dans cette solitude, vous êtes le seul que nous ayons eu l'honneur de recevoir. Je suis vraiment fâchée que nous n'ayons ici personne pour vous servir : mais la récolte dont les travaux ont commencé hier, occupe tellement le peu que nous sommes de monde ici, que vous ne verrez revenir qu'au coucher du soleil, un ami presque aussi âgé que mon père, qui veut bien nous tenir compagnie dans notre solitude, un ancien domestique de la maison, et une fille attachée à mon service. Je vous prie de vous contenter jusque-là du petit repas que je prépare pour mon père. »

Quand j'eus pris quelques rafraîchissements, cette jeune personne me présenta à son père qui parut en ce moment. Je trouvai en lui un homme accablé d'années, qui marchait très-péniblement, mais qui avait conservé un grand air de dignité malgré les rides profondes qui sillonnaient son visage. Ce vieillard m'accueillit avec une bonté toute cordiale, et je profitai de la liberté qu'on me laissait pour visiter les environs. Les petits chemins, les berceaux et les fontaines qu'on voyait sur le côté de la grande allée, attirèrent un moment mes regards. Quand je fus au bout, je parcourus des yeux les coteaux chargés d'arbres fruitiers, qui croissaient autour de quelques habitations rustiques dispersées çà et là. Les deux rives du fleuve me laissèrent voir des plaines, couvertes au loin ou de moissons ou de troupeaux. Au milieu de tant d'objets, je ne cherchais que le lieu où je pourrais apercevoir le vieillard dont on m'avait parlé. Un secret pressentiment semblait m'avertir que j'allais retrouver en lui un ami bien cher.

Mais voyant dans la campagne un grand nombre de moissonneurs en mouvement, je compris que le plus sûr était d'attendre que la fin de la journée les séparât les uns des autres pour retourner à la maison. Je pris même le parti de me rapprocher de l'habitation de mes hôtes, de peur que celui que j'attendais ne s'y rendît par quelque chemin plus court. Comme je revenais sur mes pas en tournant fréquemment la tête vers l'autre bout de l'allée, je découvris à quelque distance, un homme seul dont la démarche lente et la taille un peu courbée me fit juger que c'était celui-là même qu'on m'avait annoncé. Allant aussitôt à sa rencontre, et marchant d'un pas mesuré, je m'appliquai à discerner quelques traits de son visage, et je ne fus pas longtemps à le reconnaître. Mon cœur bondissait de joie. Je courus aussitôt à ce vieillard qui commençait à me saluer, et me jetant dans ses bras, je lui dis avec émotion :

— Ah ! mon père, ah ! mon cher père, cher Amédès, les dieux m'avaient-ils réservé le bonheur de vous revoir !

Amédès me regardait avec une sorte d'étonnement ; il me répondit :

— Seigneur, vous me parlez comme le ferait le prince Aménophis. Mais la mort rend-elle sa proie ? ou serai-je assez heureux pour avoir versé des larmes vaines ?

— N'en doutez pas, lui répondis-je ; j'échappai au désordre de la bataille nocturne de Coptos. Il ne faut point d'autre signe de reconnaissance entre des initiés que les secrets de l'initiation même. Qui conduisîtes-vous au fond du puits de la pyramide ? A qui proposa-t-on devant vous les trois questions sur l'héroïsme ? Qui sut les résoudre en répondant au grand capitaine Saphon ?

— C'est assez, dit le vieillard ; j'avoue que ces preuves sont bien fortes ; mais quelle étroite captivité, quelle prison souterraine a caché au monde pendant huit ans un initié d'une aussi grande espérance que le prince Aménophis ? et comment s'est-il laissé enlever par un Égyptien inconnu, par le simple soldat Chérès, toute la gloire de notre siècle ?

—Eh ! c'est moi-même qui suis Chérès, m'écriai-je en retombant dans les bras d'Amédès.

Alors le vieillard voulut m'embrasser les genoux, mais je l'en empêchai.

— Ah ! mon prince, reprit-il, je vous reconnais pour Aménophis, du moment que vous êtes aussi Chérès. J'ai toujours pensé que si vous étiez encore vivant, Chérès ne pouvait être un autre que vous. Mais depuis deux ou trois ans, une sourde rumeur s'est répandue que vous étiez caché en Arabie. Ce

bruit même a empêché tous les esprits de vous chercher dans le fameux navigateur Chérès. Pour ce qui
est de moi, il m'était impossible de vous reconnaître.
Les huit années qui se sont écoulées depuis votre
disparition, ont fait passer votre visage de la fleur de
l'adolescence à la gravité de l'âge viril. Le son même
de votre voix est devenu beaucoup plus mâle, et vos
courses immenses ont fait de vous un homme tout
autre que je ne vous avais laissé.

— Ça été là un des motifs de ma longue absence,
repris-je; et je prétends bien que l'inconnu Chérès tire
un jour Aménophis du tombeau pour le faire monter
sur le trône. Mais ce n'est point ce qui m'amène ici;
c'est le projet de secourir les Carthaginois. Le roi des
Atlantes, qui approuve mon projet, m'a indiqué cette
solitude comme étant habitée par des Carthaginois. Il
m'a permis de venir ici comme si le hasard m'y conduisait; j'y viens donc recueillir les instructions dont
j'ai besoin pour réaliser mon dessein. La flotte que j'ai
laissée à Banasa doit me reprendre dans quelques jours
et me conduire à Carthage. Ainsi, cher Amédès, j'attends de vous que vous me fassiez connaître le véritable état de cette république. Mais, pour éviter les re-
dites inutiles, je dois vous dire ce que je sais déjà. On
m'a conté la malheureuse mort du brave Saphon tué

devant les murailles de la ville de Tubusupte, les erreurs déplorables de Giscon, et la noble et courageuse manière dont il a voulu les réparer. Je sais aussi que le sénat de Carthage l'a condamné, et lui a ordonné d'aller chercher du secours pour délivrer sa patrie avant de subir la mort. Enfin je sais qu'on a permis à tous les citoyens inutiles de se réfugier chez les nations qui bordent la Méditerranée. Voilà ce qu'ont pu m'apprendre les Atlantes sur l'état présent de cette funeste guerre. J'attends, cher Amédès, que vous m'en disiez davantage.

— Seigneur, me dit Amédès, votre curiosité est trop favorable aux Carthaginois pour que je ne vous informe pas de tout ce qui les regarde. Mais si vous le voulez bien, nous irons nous asseoir dans quelque endroit plus proche de la maison, afin que nos hôtes nous découvrant facilement, ne soient en peine ni de vous ni de moi.

Quand nous fumes placés dans un endroit convenable, Amédès parla ainsi :

— Je commence par l'événement qui me conduisit à Carthage. Quelques instants après vous avoir perdu de vue, à l'affaire de Coptos, je tombai moi-même dans l'inconvénient que je vous avertissais d'éviter ; je fus entraîné à poursuivre les fuyards, et, blessé d'un coup d'épée, je devins prisonnier des troupes du roi de This. Les soldats, ayant reconnu la veste d'initié qui paraissait sous ma cuirasse, me portèrent dans leur camp. Ma blessure n'était pas dangereuse, mais mon état devint alarmant, lorsqu'on m'annonça la nouvelle de votre mort qui se répandait partout. Rien ne pouvait me consoler de la perte de tous mes soins. Je fus conduit au roi de This que je connaissais et que je déterminai à conclure la paix. Ce prince m'offrit un asile paisible et honorable dans sa cour. Mais je pensai que, en m'exilant du royaume de Memphis, il n'était à propos de me retirer chez aucun autre roi de l'Égypte. Je portai donc mes vues du côté de Carthage, et je me rendis auprès du prince Zoros, auprès de qui j'avais été autrefois en ambassade; il me fit un très-bon accueil, quoique je ne lui amenasse cette fois qu'un homme sans titre et sans crédit. Nous fûmes bientôt liés par une étroite amitié. J'ai partagé toutes les douleurs de cette famille, soit à la mort de Saphon, soit à la condamnation de Giscon, tous deux ses nobles fils, tous deux excellents hommes, quoique de caractères trop différents l'un de l'autre. Après son jugement, Giscon partit pour demander des secours aux habitants de Capsa. Ceux-ci avaient presque oublié les causes de leurs anciens différends, et depuis son retour en Égypte, ils lui avaient envoyé une ambassade pour le remercier de la fondation de leur État dont il était l'auteur et des lois sages qu'il leur avait données.

Amédès me raconta ensuite plusieurs anecdotes curieuses qui étaient de nature à m'inspirer plus de zèle encore pour le prince Zoros et pour sa famille. Puis il ajouta :

— Prince, la nuit approche et nous avertit de rentrer dans la maison, où je ne doute pas que nos hôtes ne nous attendent avec impatience. Mais, je vous en préviens, vous ne pourrez vous dispenser de raconter, pendant le repas du soir, les découvertes dont les peuples de l'Afrique vous sont redevables, et les établissements que vous avez procurés aux Phéniciens en particulier. Car vos hôtes sont le prince Zoros et la princesse Zarite, femme de Giscon.

Je répondis que je ferais volontiers tout ce que le prince et la princesse souhaiteraient de moi ; mais qu'il me semblait que le plus pressé et le plus intéressant pour eux serait de conférer ensemble des moyens les plus sûrs et les plus prompts de délivrer Carthage. Amédès me fit observer qu'il serait mieux de renvoyer ce détail à une conférence qui devait avoir lieu le lendemain dans le cabinet du prince Zoros.

Puis Amédès me présenta à nos illustres hôtes. Le prince Zoros répondit que sa fille et lui avaient bien jugé que je n'étais pas un homme vulgaire, qu'ils s'étaient même flattés qu'Amédès me connaîtrait puisque j'étais Égyptien. Je n'avais été présenté que sous le nom de Chérès ; et dès que nous fûmes à table, Amédès, pour prévenir tout autre discours, m'engagea à raconter mes aventures, ce que je fis de bonne grâce. Je restai dans cette solitude encore tout le lendemain, où j'eus un entretien particulier avec Amédès pour m'éclairer de ses lumières, dans l'intérêt des princes de Carthage. Je pris ensuite congé de mes hôtes.

Je partis donc le troisième jour, ainsi que je l'avais annoncé, sans vouloir souffrir que personne m'accompagnât d'un seul pas plus loin que la porte de l'habitation pour ne donner aucun soupçon aux Atlantes qui auraient pu nous rencontrer. Je gagnai bientôt le port du Lixus (1), où les quatre jours qui s'écoulèrent jusqu'à l'arrivée de ma flotte, me parurent les plus longs de ma vie. Ce fut là que, sur les

(1) Lixus ou Lixa, aujourd'hui Larache. Cette ville avait été la capitale du royaume du géant Antée.

notions que je venais de recueillir, je préparai le plan de la guerre que j'allais avoir à faire. L'impatience commençait à me prendre, lorsque le cinquième jour, je vis de ma fenêtre une de nos chaloupes qui entrait dans le port. Je fis alors mes adieux à mon hôte qui me conduisit selon la coutume dans le temple des dieux hospitaliers. Ma flotte me reçut au bruit des plus vives acclamations. J'inspectai aussitôt tous les vaisseaux les uns après les autres ; j'eus lieu d'être satisfait de cet examen : vaisseaux, hommes, chevaux, munitions de guerre et de bouche, tout était dans la situation la plus désirable. Nous voguâmes ensuite vers Siga (1), ville importante de la Mauritanie, où se trouvaient concentrées les principales forces dirigées contre Carthage. Nous en fîmes le siége en règle, et quand nous l'eûmes prise je fus assez heureux pour rétablir le prince Zoros, le prince Giscon son fils, ainsi que la princesse Zarite, l'épouse de ce dernier, dans tous les honneurs et dignités qui leur appartenaient dans la république de Carthage. Je n'irai pas plus loin. Ce fut alors que je me présentai sur le territoire de Memphis ; vous savez le reste aussi bien que moi.

(1) Aujourd'hui Ned-Roma. Elle fut depuis la capitale des États du roi numide Scyphax.

—Permets, mon frère, que je complète ton récit, dit Pemphos; je faisais partie, comme simple volontaire, de l'expédition de Siga, et je puis parler, comme témoin oculaire, de divers détails que tu as passés sous silence.

— A quoi bon ? reprit Aménophis, des détails de guerre n'ont pas un si grand charme pour notre père.

— S'il est question de toi, mon cher fils, dit Osoroth, on sera toujours sûr de m'intéresser. Laisse donc parler Pemphos.

—Je vais, reprit Pemphos, parler de cette bataille décisive qui mit fin à la guerre, et nous livra la victoire contre Antée, le roi de Tingitanie. Chérès, qui n'est autre pour nous qu'Aménophis ici présent, fit ses dispositions dès le lever de l'aurore. Il fit ranger les troupes des deux flottes de Carthage et d'Utique réunies sous le même pavillon, depuis l'endroit où les Tingitaniens devaient arriver dans la plaine jusqu'à une certaine étendue de rivage qui était voisine d'Utique. La plaine était d'ailleurs bornée par une dune, qui trempait perpendiculairement dans l'eau auprès de l'embouchure du fleuve Bagradas et de la

____

(1) Monticule de sable sur le bord de la mer.

mer. En formant ces deux haies de soldats qu'on regardait plutôt comme une décoration que comme une mesure de défense, Chérès fit dire dans toute l'armée qu'on se tînt sur ses gardes et qu'on attendît en toute circonstance les ordres des officiers. Chérès montait un cheval dont le roi de Guinée lui avait fait présent, et qu'il avait dressé lui-même dans ses moments de loisir.

Bientôt les premiers rangs de l'armée tingitane arrivèrent sans le moindre écart jusqu'aux vaisseaux, et le roi Antée ne tarda pas à paraître, à cheval, à une longue distance au haut de la plaine. Alors fut donné de part et d'autre le signal du combat. Chérès s'attacha uniquement à la personne du roi. Son cheval, beaucoup plus léger que celui d'Antée, caracolait sans cesse autour de ce dernier et le harcelait sans discontinuer. Antée voulut cent fois percer son adversaire, mais vainement ; Chérès parait tous ses coups. Toutefois Antée était si solidement armé que Chérès ne pouvait saisir le défaut de son armure.

Cependant ce prince se trouvait isolé de tous ses officiers, de sorte qu'il ne pouvait leur transmettre aucun ordre pour remédier à la confusion qui commençait à se mettre dans ses rangs. Désolé de cette situation, il dit enfin à Chérès :

— Général, je ne croyais pas que mon destin dût jamais me réduire à combattre seul à seul contre un homme qui ne se donne lui-même que comme un soldat inconnu.

— Quant à moi, répondit fièrement Chérès, il me suffit de me connaître pour oser attaquer Antée ; sans autre éclaircissement, tout homme a droit de tirer le glaive contre un perfide.

— Voyons donc, répliqua Antée, si tu es digne de te mesurer avec moi. Fais cesser la bataille entre les deux nations, et que la querelle soit décidée par celui qui vaincra l'autre.

— Vous vous y prenez trop tard, dit Chérès, pour une telle décision. Vos soldats sont vaincus, et quand ils ne le seraient pas, je me garderais bien de faire dépendre de ma seule convention avec vous le sort de peuples qui ne m'appartiennent pas. Il ne vous reste donc à attendre de moi que le combat particulier que j'accepte : si vous le voulez bien, il aura lieu sur la pointe de cette dune, après la victoire des Carthaginois.

Mais, pendant ce colloque, les Tingitaniens, poussés à bout, se rendaient d'eux-mêmes, en protestant que leur roi les avait engagés malgré eux dans cette guerre injuste.

Alors Antée, quittant le lieu où la bataille venait de finir, marcha le premier vers l'endroit indiqué, où s'étendait un vaste terrain libre. Les vainqueurs et leurs prisonniers les suivaient des yeux; et Chérès, passant le long des rangs, recommandait aux siens à haute voix de ne point lui prêter un secours qui deviendrait une lâcheté. Il n'avait pourtant ce jour-là pour armes défensives qu'un casque et une cuirasse d'une extrême légèreté, l'un et l'autre plutôt comme ornement que pour un combat qu'il n'avait pas eu lieu d'espérer.

Toutefois, ayant bien observé le cavalier et le cheval qu'il avait à combattre, et leur cédant volontiers l'avantage de la force, il mit son espérance en son adresse et dans la souplesse de son coursier.

Le commencement du combat ne parut être de la part de Chérès qu'une simple défense contre les coups d'Antée. Le roi, ne pouvant atteindre son adversaire, essaya de frapper la tête de son cheval; mais Chérès la garantissait aussi soigneusement que la sienne. Alors Antée revint au cavalier; il s'aperçut qu'il reculait, et il s'imagina que c'était par un sentiment de crainte, ou du moins par l'impossibilité que son ennemi voyait à entamer l'armure qui le protégeait. Chérès, ayant accru par degrés la présomption de son ennemi,

commença à fuir, mais en tournoyant pour étour-
dir le cavalier et le cheval qui étaient à sa pour-
suite. Enfin, tournant la tête tout d'un coup, et faisant semblant d'avoir peur d'être atteint, il se mit
à fuir du côté de la mer. Antée, ne craignant pas de
se précipiter tant qu'il aurait Chérès devant lui, se
livra à toute l'impétuosité de son cheval. Mais quand
Chérès se vit sur le bord du terrain, il fit tourner
tout à coup son docile coursier à gauche et laissa
passer celui d'Antée. Le roi fit de vains efforts pour
l'arrêter, et bientôt le cheval et son cavalier roulèrent
tous deux dans la mer, aux acclamations joyeuses des
Carthaginois.

Mais Chérès fit cesser ces cris tumultueux, en
disant :

—Non, non, la victoire n'est pas complète jusqu'à
ce que je vous aie délivrés, par la mort ou par la captivité, d'un homme dont les conventions ni les traités
ne peuvent plus vous répondre. C'est un lâche qui
n'a pas craint de me proposer un combat singulier,
bien qu'il me vît armé à la légère, tandis qu'il est
cuirassé de la tête aux pieds : je n'ai pu compter, en
acceptant son défi que sur l'assistance des dieux, qui
m'ont suggéré l'expédient que vous avez vu réus-
sir. Cependant je ne veux pas qu'il puisse avoir à

me reprocher de l'avoir fait passer sur un champ de bataille où je ne voulais pas le suivre.

Aussitôt Chérès lança son coursier vers le chemin qui conduisait au rivage. En ce moment, Antée regagnait la rive et son cheval nageait encore. Dès qu'il vit Chérès à portée de la voix, il s'écria :

— Descends de cheval pour me combattre sans avantage, ou pour recevoir mon épée que je te rends en demeurant ton captif.

Chérès se mettait en devoir de descendre pour accepter cette dernière offre du roi, lorsqu'il s'aperçut qu'il prenait ce moment pour venir à lui l'épée haute et menaçante. Il eut cependant le temps de se jeter à terre, et de se présenter à Antée dont il para le coup. Mais, remarquant que la cuirasse de son ennemi s'était dérangée dans sa chute, il lui porta lui-même un coup d'épée qui le perça de part en part et l'étendit sur le sable du rivage. Alors il lui dit :

« Antée, je vous ai épargné la mort aussi longtemps que je l'ai pu, bien que je la crusse nécessaire au repos de l'Afrique et au bonheur de vos peuples. Je vous dirai même pour votre consolation au moment de votre mort, que votre fils le prince Tygée sera mis en possession de vos États dans toute leur étendue, et que votre fille la princesse Zarite est reconnue héritière de l'empire carthaginois par le prince Zoros et par son sénat. »

Antée voulait prononcer quelques paroles, mais il ne rendait que des sons confus qui s'échappaient de sa bouche avec des flots de sang, et il expira sur-le-champ. Chérès recommanda à des officiers et soldats carthaginois et phéniciens qui venaient à sa rencontre, d'ensevelir le corps du roi dans les catacombes d'Utique.

— Je ne veux point, dit-il à ce sujet, exercer ma vengeance jusque sur les morts, comme le font encore des nations plus barbares qu'elles ne croient l'être.

Ce héros qui venait de rendre un bien plus grand service aux hommes par la mort du second Antée, qu'Hercule par celle du premier, ne songea plus qu'à faire goûter les fruits de la victoire aux deux nations dont il venait de terminer la guerre. Il rétablit le jeune Tygée dans les États de son père, et obligea les autres souverains de l'Afrique à le reconnaître pour roi de la Tingitane. Il eut à aplanir bien des difficultés. Mais la justice persévérante finit toujours par triompher. Le rétablissement de Sygée dans ses États et le retour des solitaires des Hespérides à Carthage fut le résultat des efforts de Chérès. Il fut singulièrement aidé par le prince Giscon dans toutes ces négociations difficiles. Le prince Zoros, revenu de sa solitude des Hespérides, signa avec beaucoup de joie le traité de paix conclu entre le sénat de Carthage et le prince Sygée. Quant à Amédès, il fut sur le point d'accompagner Chérès-Aménophis, son élève chéri, à Tinger (1), capitale des États de Sygée. Mais il s'était attaché à Giscon et à sa vertueuse épouse, qui pouvaient avoir besoin de ses conseils dans les commencements d'un règne très-prochain ; il surmonta l'inclination qui le portait vers un héros, nécessaire àtoute la terre, tandis qu'il n'avait besoin de personne. Il partit donc de Siga pour Carthage, avant le retour de Chérès. Ce fut dix-huit mois après tous ces événements que la nouvelle se répandit partout que le royaume de Memphis et même toute la basse Égypte étaient menacés par Aménophis, et que ce prince démontrait son existence par l'anneau de sa mère, la reine Nephté. Vous savez comment le véritable Aménophis triompha de l'imposteur Azarès, et comment il fut rendu à notre tendresse pour le bonheur des peuples de Memphis ; je n'en dirai donc pas davantage.

— « Que les Dieux soient loués à jamais ! dit Oso-

(1) Aujourd'hui Tanger, ville de l'empire du Maroc. Elle donnait son nom à la Mauritanie Tingitane.

roth en élevant les mains vers le ciel, ils m'ont donné pour fils un héros qui saura réparer mes nombreuses fautes; mes yeux du moins pourront se fermer tranquillement à la lumière. Mes enfants, la seule prière que je vous fais avant de quitter cette vie, c'est de vivre ensemble comme des frères. Béon et Pemphos, aimez et respectez Aménophis, à l'égal de votre père! »

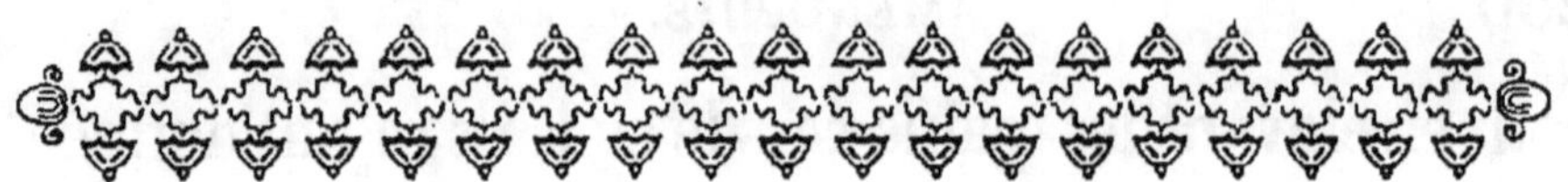

CHAPITRE XVIII.

Aménophis abdique en faveur de Béon. — Ses intentions généreuses en faveur de Pemphos, son autre frère.

A mort de Daluca, qui n'emportait dans
la tombe que les regrets de ses deux
fils, vint bientôt permettre à leur frère
Aménophis de donner des preuves écla-
tantes de sa grandeur d'âme. Le Conservateur de l'Égypte, en préparant la cérémonie dont il a été parlé plus haut, s'était dit
plusieurs fois, dans ses méditations, que le meilleur
roi et le plus souhaitable pour les peuples est peut-être
un homme ordinaire bien pénétré de ses devoirs, parce
qu'il est moins enclin que les grands esprits à se
croire plus sage que leslois. Tout ce qu'il avait vu
dans ces derniers temps l'avait convaincu qu'à l'é-
gard des États voisins, un roi qui a beaucoup de probité et de droiture de cœur a peu besoin de politique.
Ce fut donc sous l'empire de ces idées qu'il ordonna

la cérémonie que tout le peuple, que la cour même croyaient devoir être celle de son couronnement.

Une brillante estrade fut dressée au bas du parvis du temple. Les princes, les seigneurs, tous les ordres de citoyens, qui assistaient à la cérémonie, offraient le coup d'œil le plus magnifique et le plus majestueux. Le nouveau roi, accompagné du prince Béon comme de celui qui devait être l'héritier présomptif de la couronne, entra d'abord dans le temple. On y invoqua les dieux par des sacrifices et en chantant des hymnes composés exprès pour la circonstance. Puis, douze prêtres montèrent les premiers sur l'estrade, portant un autel sur lequel était déposée une couronne d'or.

Le roi Aménophis y monta après eux avec son frère Béon, et s'étant assis un moment sur un trône à trois marches qu'on avait placé en face de l'autel portatif, il se leva, et alla lui-même prendre la couronne qu'il mit sur sa tête au bruit des fanfares et des acclamations du peuple. Il s'agenouilla ensuite sur un carreau et fit une profonde inclination du côté du temple. S'étant venu remettre sur son trône, il se fit inscrire par les prêtres sur le registre des rois de Memphis, sous le nom d'Aménophis-Conservateur. Il retint en même temps sa place dans les cercueils du Labyrinthe, aux pieds de la reine Nephté sa mère. Puis, se relevant de son trône, il reporta la couronne sur l'autel où il l'avait prise.

Revenant de nouveau à son trône, il appela son frère Béon et le fit mettre à genoux devant lui. Alors, détachant son diadème, il en ceignit le front du jeune prince, muet et immobile d'étonnement. La surprise était générale : on ne pouvait s'expliquer la conduite du roi. Mais Aménophis fit bientôt connaître son intention, en disant au prince Béon :

— Mon frère, je fais à ton égard ce que notre père a fait au mien. La générosité qu'il a eue, en me reconnaissant, de renoncer à ses projets en ta faveur, demande que je les réalise moi-même. Ainsi je te rends son trône parce que tu ne me l'as pas disputé, et surtout parce que ta bonté naturelle me fait attendre de toi un gouvernement aussi heureux pour tes peuples que je voudrais le leur procurer moi-même. Notre père se contente du titre de Roi-père ; moi, je me trouve trop honoré du titre de Roi-Conservateur. Pour toi, mon cher frère, tu es roi de Memphis.

Mais, au lieu que ma qualité d'initié dispensait mon couronnement d'un plus long cérémonial, toi, tu dois entendre de la bouche du grand-prêtre qui va parler, quelle était la conduite des rois nos premiers ancêtres, afin d'en faire la règle immuable de la tienne. Après cela, tu iras prendre toi-même la couronne sur l'autel, ainsi que je l'ai fait, pour montrer au peuple que tu ne la tiens que des dieux seuls, et que je ne suis que l'humble instrument dont ils se sont servis pour la faire passer sur ta tête.

Aussitôt le roi-Conservateur se levant, fit asseoir son frère sur le trône, et s'alla placer modestement parmi les prêtres. Dans cet instant, le nouveau monarque, entendant un bruit sourd qui se faisait du côté du temple, tourna la tête et fut extrêmement surpris de voir arriver la princesse son épouse, actuellement reine, que l'on fit monter sur un trône qui avait une marche de moins que celui du roi. Alors le grand prêtre, debout entre l'autel et le roi assis, lui adressa le discours suivant :

« Seigneur, je commence par vous féliciter au nom de tout votre peuple, de ce que la découverte de votre frère aîné qui, par le droit de sa naissance et la gloire de ses actions, devait, ce semble, vous enlever pour toujours la succession qu'on vous destinait, a hâté votre avénement à la couronne. Ce frère vous met aujourd'hui dans la possession tranquille d'un trône auquel vous n'aviez avant lui qu'un droit contestable. La seule vie de ce héros renferme tous les grands exemples qui sont disséminés dans la longue suite de nos annales. Ce n'est pourtant pas là, seigneur, le modèle que lui-même vous exhorte à suivre. Vos engagements sont très-différents de ceux où il s'est trouvé jusqu'à ce jour, et nous vous invitons à chercher votre règle de conduite dans celle qu'il aurait désormais tenue, si, moins généreux, il ne vous avait pas cédé son trône. C'est par l'esprit qui l'a conduit dans un monde auparavant inconnu, qui lui a fait combattre tant d'ennemis, qui lui a fait prendre tant de formes différentes, selon les temps et selon les lieux ; c'est par ce même esprit, seigneur, que vous vous fixerez dans vos États, que vous conserverez la paix avec vos voisins, et que vous vous conformerez aux maximes immuables de nos premiers rois vos aïeux.

« La cérémonie de ce grand jour m'oblige de vous rappeler la simplicité de leurs coutumes, l'austérité de leur vie, la contrainte même et l'assujettissement de leur personne. Ce n'est pas pour vous en faire une loi que vous deviez prendre à la lettre. Les progrès de l'esprit, l'adoucissement des mœurs, la politesse des siècles suivants ont fait changer des usages qu'on a jugé inutilement pénibles. Mais il est toujours important de remonter aux principes qui faisaient agir ces grands princes, et de chercher la vertu enfermée sous la dure écorce de leur conduite extérieure, et qui sans doute s'y conservait plus sûrement qu'elle ne s'est conservée depuis sous des apparences plus agréables.

« Tout était prescrit à nos anciens rois, non-seulement à l'égard de l'administration du royaume, mais encore par rapport à leur conduite particulière. Ils ne pouvaient point se faire servir par des esclaves achetés ou même nés dans leur palais ; mais on leur donnait pour serviteurs les enfants des prêtres et les jeunes seigneurs les mieux élevés, tous au-dessus de vingt ans, afin que le souverain, voyant toujours auprès de sa personne la jeunesse la plus considérable de l'Égypte, ne fît rien qui fût indigne de la majesté de son rang. Il y avait surtout des heures du jour et de la nuit, où le roi ne pouvait disposer de lui, et était tenu de remplir les devoirs marqués par les lois. Au point du jour, il devait lire toutes les lettres qui lui étaient adressées, afin qu'instruit par lui-même des besoins de son royaume, il pût pourvoir à tout et remédier à tout. Puis il allait offrir un sacrifice aux dieux. Ensuite le lecteur des livres sacrés lui lisait quelques actions ou quelques paroles remarquables des grands hommes, afin que le chef de l'État ayant l'esprit plein d'excellents principes et d'excellents modèles, en fît usage dans les occasions qui se présenteraient. Ce n'étaient pas seulement les heures d'audiences publiques qui lui étaient marquées ; il ne pouvait aussi se promener, prendre le bain, ni faire quoi que ce soit qu'à des heures déterminées. Il ne pouvait se nourrir que de viandes simples ; et on lui donnait une mesure de vin qui ne pouvait l'enivrer, ni même tant soit peu affaiblir son jugement.

« Enfin tout ce qui concerne le régime était si bien ordonné qu'on eût pris plutôt ces règlements pour les avis d'un médecin que pour les statuts d'un législateur. Mais s'il paraît extraordinaire qu'un roi ne pût écouter son appétit dans ses repas, il était du moins très-beau et très-avantageux qu'il ne pût suivre sa passion, ni sa fantaisie dans les affaires d'État, et que, dans les jugements qu'il rendait, il fût astreint à ce que les lois avaient ordonné pour toutes les circonstances prévues. Par là aussi il se mettait à l'abri des demandes injustes et importunes, dont on ne peut s'affranchir qu'en s'assujettissant à des règles sages et invariables. Voilà, seigneur, ce qu'on appelait autrefois les priviléges et les plaisirs de la royauté. La bonté qui vous caractérise, et le courage que vous avez fait voir dans une occasion décisive, nous font juger que vous atteindrez aux vertus de vos ancêtres. Elles doivent être pour vous un objet d'émulation d'autant plus intéressant, que vous les pratiquerez avec plus de liberté, et que vous vous assurerez la même récompense avec beaucoup moins de peine. »

Ainsi parla le grand-prêtre, et le roi lui fit, du haut de son trône, une respectueuse inclination, marquant que son intention était de profiter de ses sages avis. Le roi Béon, descendant en même temps de son trône, et se tournant vers le peuple, s'exprima ainsi :

«Peuple, j'éprouve le besoin d'expliquer ma conduite dans les circonstances où je reçois le diadème. Loin d'avoir été tourmenté par l'impatience de régner, je me faisais, du temps même du faux Aménophis, un véritable scrupule de lui enlever un sceptre qu'il croyait lui appartenir par son droit d'aînesse, quelque indigne qu'il s'en fût rendu à l'égard du roi notre père par ses menaces et ses hostilités. Aussi ai-je éprouvé un grand soulagement d'esprit et de cœur, quand le véritable Aménophis s'est fait reconnaître, surtout parce que cette reconnaissance délivrait ma patrie des dangers des guerres étrangères ou intestines auxquelles l'incertitude du légitime successeur l'au-

rait infailliblement exposée. Mais enfin, puisque, par
la volonté des dieux, le roi Aménophis, mon seigneur et mon frère aîné, a voulu absolument remettre entre mes mains le royaume dont il était en possession, je déclare que je ne veux le gouverner que
par ses conseils. Ainsi le peuple de Memphis n'aura
point perdu son véritable maître, qui vient seulement
d'acquérir un nouveau titre de gloire par sa générosité. »

Ayant achevé ces paroles, Béon alla prendre sur
l'autel la couronne qu'il posa sur sa tête, puis il se
mit à genoux en se tournant du côté du temple, et
reporta ensuite la couronne où il l'avait prise. Après
quoi tout le monde rentra encore dans le temple où
l'on devait faire les derniers sacrifices. Aménophis
ne voulut pas y suivre le roi et la reine, de peur que
sa présence n'attirât à lui les regards des assistants,
qui devaient être entièrement occupés des jeunes
souverains. Mais, appelant à lui le prince Pemphos, et le prenant amicalement en particulier, il
lui dit :

—Mon frère, je t'ai appelé pour t'apprendre qu'a-
près avoir pensé à ton frère, je vais m'occuper maintenant de toi.

— Que veux-tu dire, mon frère ? répondit Pemphos ; que peux-tu pour moi, sinon me donner des exemples d'héroïsme et des leçons de sagesse ?

—Pemphos, reprit Aménophis en souriant, je n'ai point oublié que tu as un tendre attachement pour la princesse, fille du roi de Tanès. Je me souviens aussi que je t'ai fait concevoir quelque espérance de triompher des obstacles qui paraissent s'opposer à ton union avec la princesse Mnévie. Je veux actuellement remplir ma promesse.

—Mais, mon frère, reprit Pemphos avec chaleur, n'as-tu pas toi-même promis solennellement de l'épouser ? Je ne consentirais jamais à un sacrifice aussi héroïque, dût-il m'en coûter la vie.

—Écoute, Pemphos, dit Aménophis avec calme, j'apprécie ton généreux mouvement, il est digne de toi ; mais il n'en affermit que davantage la résolution que j'ai prise. Je vais partir immédiatement pour Tanès. Mais, ayant peut-être besoin de plus d'un jour pour cette négociation, tu m'accompagneras sous un déguisement, afin que si l'entreprise que j'ai projetée ne réussit pas, ce retard te soit moins pénible. J'espère néanmoins te faire parler à la princesse et au roi son père, dès que je les aurai prévenus. Et lorsque le mariage sera convenu, alors tu reviendras ici pour retourner à Tanès avec la magnificence qui convient à ton rang.

Pemphos était profondément touché de ce nouveau sacrifice d'Aménophis ; il lui baisait les mains et ne pouvait lui exprimer sa reconnaissance que par des monosyllabes prononcés d'une voix émue. Les deux frères rentrèrent ensemble dans le palais, et se rendirent chez le roi Osoroth de plus en plus émerveillé de la magnanimité d'Aménophis et qui lui témoigna de nouveau son admiration.

A l'arrivée du roi Béon et de la reine son épouse, Aménophis devint l'objet de nouvelles actions de grâces. Lui, fidèle à la modestie qui présidait ordinairement à ses actions, répondit à tous leurs remercîments avec la plus aimable modestie.

Sa réponse changea les torrents de louanges dont il était l'objet en un respect silencieux, plus flatteur peut-être et moins fatigant pour lui. Enfin, dans cette journée tumultueuse, Aménophis trouva encore moyen de confier aux deux rois et à la jeune reine, le voyage qu'il allait faire à Tanès pour les intérêts du prince Pemphos. La reine lui répondit gracieusement, pour son père et pour son époux, qu'on n'osait plus le louer ni le remercier de rien, et qu'on lui laisserait faire librement tout le bien qu'il lui plairait.

Mais ensuite Aménophis étant demeuré seul avec le roi Béon, son frère lui dit :

— Comme, pendant mon règne de quelques jours, j'ai pris sur moi toute la haine qui doit résulter des dépositions que j'ai ordonnées, tu auras donc pour toi tout l'agrément d'une foule d'emplois à donner.

— Oui, mon frère, répondit Béon en pressant les mains d'Aménophis avec affection; mais je compte bien ne rien régler sur cet article qu'après ton retour.

— La seule grâce que j'aie à te demander, reprit Aménophis, nous intéresse autant l'un que l'autre : c'est de faire revenir mon cher maître Amédès de la cour de Carthage, et de lui confier le ministère. Giscon, suffisamment instruit par ses fautes et ses revers, doit n'avoir plus besoin de lui. Dans tous les cas, Amédès préférera toujours le service de son roi à celui d'un prince étranger.

—Je ne puis faire rien de plus avantageux pour le bonheur de mes peuples, répondit Béon, et je serai trop heureux qu'Amédès consente à accepter le fardeau du gouvernement de l'Égypte.

— Il n'hésitera pas, mon frère, croyez-le bien,

reprit Aménophis ; non pas qu'Amédès puisse être un instant dominé par l'ambition, mais je sais assez que sa grande âme saura se dévouer encore au service de son prince et de sa patrie.

— Permets, Aménophis, dit Béon, permets que je te remercie encore de cet avis qui est un véritable bienfait, et qui même me tient lieu d'un grand nombre d'autres.

— Béon, ajouta le sage Aménophis, je vais te dire ce que m'a dit souvent, ce que ne manquera pas de te dire le vertueux Amédès. J'ai vu avec plaisir que tu as de la valeur et du sangfroid dans les combats ; mais je dois t'avertir qu'un roi qui aime ses peuples regarde toujours la guerre comme un malheur, et fait, pour la prévenir, tous les efforts qui ne dérogent ni à ses droits bien établis, ni à son honneur bien entendu. Cette maxime gravée profondément dans le cœur d'un roi, y devient même le principe de la véritable bravoure, d'autant plus ardente à défendre son propre bien, qu'elle est moins portée à envahir celui des autres. La plupart des princes, qui ont à tout propos les armes à la main, passent leur vie dans une alternative continuelle de succès et de revers, qui fait que leurs ennemis finissent par les redouter peu, et par les estimer encore moins ; au lieu qu'on respecte un prince ferme dans ses justes prétentions, et qui ne donne d'ailleurs aucun sujet de plainte à ses voisins. Souviens-toi donc de ne jamais faire la guerre par goût et par inclination. Mais si tu t'y trouves contraint, alors agis toujours de manière à ôter ce goût et cette inclination à tes ennemis.

— Je conçois l'importance de cet avis pour un prince absolument libre, répliqua Béon ; mais s'il s'agit d'une guerre dans laquelle on soit forcément entraîné par des alliances , alors mon unique devoir ne serait-il pas de combattre pour mes alliés sans m'informer de la justice ou de l'injustice de leur cause (1) ?

— Sans doute , reprit Aménophis; mais aussi, dans une circonstance pareille, ton devoir serait aussi d'user de toute ton influence pour rapprocher les esprits divisés, et les amener à une solide paix. Ayant eu des occasions légitimes de faire preuve de ta valeur, tes efforts pour éloigner la guerre ne laisseront planer aucun soupçon désavantageux pour ta personne et te mériteront, au contraire, le glorieux surnom de pacificateur, qui vaut mille fois mieux

_____

(1) Quoique Aménophis réponde d'une manière affirmative, ce principe paraît contestable ; une alliance ne peut jamais obliger à une guerre injuste.

pour la prospérité des États que celui de conqué-
rant.

Tout rempli de vénération pour la personne de
son frère, et bien décidé à suivre ses conseils dictés
par la sagesse, Béon quitta le prince Aménophis pour
aller pleurer sur la sépulture de sa mère : action dont
personne au monde ne pouvait lui faire un reproche,
malgré la perversité bien prouvée de Daluca. Ses
fils, trop bien nés pour manquer aux sentiments de
piété filiale que la nature a gravés dans les cœurs
des hommes, avaient fait ensevelir secrètement leur
mère, bien certains qu'elle aurait été refusée à tous
les tombeaux publics de l'Égypte. Pour la mémoire
de leur mère, ils n'auraient pas voulu d'ailleurs affronter l'indignation publique, qui n'aurait pas manqué d'éclater à l'occasion des funérailles de Daluca,
généralement détestée de toutes les classes du royaume
de Memphis. On a vu, lors des obsèques de la reine
Nephté, combien il était difficile d'obtenir le jugement qui ouvrait aux morts la porte des Champs-
Élysées.

CHAPITRE XIX.

Nouvel acte d'héroïsme d'Aménophis ; sa générosité à l'égard de
son frère Pemphos.

AMÉNOPHIS arriva trop brusquement à
Tanès, pour qu'on eût le temps de lui
faire une pompeuse réception. Il surprit
en quelque sorte le roi et la princesse sa fille
en paraissant dans le palais. Ce monarque
qui se nommait Spanius, traitant Aménophis
en roi, lui céda chez lui tous les honneurs.
La princesse Mnévie était arrivée tout récemment
d'Héliopolis (1), ancienne cité égyptienne, dont le
nom signifie *ville du soleil*, parce qu'elle possédait
un temple magnifique consacré à l'astre du jour.
Elle était allée consulter les prêtres de ce temple, qui
étaient les plus fameux de l'Égypte pour la divination. La ville d'Héliopolis appartenait d'ailleurs à la

(1) Elle se nomme aujourd'hui *Matariéh*.

dynastie dont elle était héritière. Elle était revenue le jour même de l'abdication d'Aménophis ; et, encore séduite par les discours flatteurs de sa nourrice, elle ne douta nullement en voyant le prince qu'il n'eût renoncé à la couronne de Memphis, pour mieux aplanir les obstacles de son mariage avec elle.

Mais le prince de Memphis, après les premiers compliments, crut devoir la désabuser. Il ne convenait point à un homme de son caractère de jouer plus longtemps un personnage faux ou douteux. Il vint donc trouver Mnévie, à l'heure où le roi allait présider son conseil. Il fit demander à la princesse une audience particulière qui lui fut accordée bien volontiers. Mnévie, accompagnée de sa nourrice, reçut Aménophis dans un kiosque situé au centre de ses jardins. A l'arrivée du prince, la nourrice s'éloigna assez pour ne pas entendre la conversation.

Alors Aménophis debout devant la princesse assise, débuta en ces termes :

— « Princesse, une des plus sûres marques de la sincérité de mon attachement, est que je vienne moi-même vous désabuser des flatteuses espérances que nous en avions conçues.

— Ah ! qu'entends-je ! s'écria-t-elle avec effroi : après tant d'alternatives d'espoir et de crainte, voilà donc l'issue qui m'attendait! Et en proférant ces pa-roles, elle couvrait son visage de ses deux mains en s'appuyant sur ses genoux.

— J'ose croire, princesse, reprit Aménophis, ou plutôt je vois clairement que le changement dont j'ai senti moi-même le premier toute la rigueur, devien-dra favorable pour vous, et vous procurera un ave-nir plus heureux, que si une démarche précipitée avait réalisé un projet déjà condamné par toutes les circonstances. Quel devoir, grands Dieux, m'impo-sez-vous en ce moment ! Mnévie, le nom de héros a quelquefois frappé mes oreilles; mais il ne m'a jamais été dû qu'en cette occasion, où je viens vous deman-der, dans votre intérêt même, que vous m'oubliiez à jamais. Je fais plus, princesse : convaincu des rai-sons qui me forcent de renoncer à vous, je m'expose au danger de vous revoir, pour vous convaincre à votre tour des raisons qui vous obligent de renoncer à moi. Vos bontés pour Chérès ont bien mérité qu'A-ménophis vous disposât à une séparation nécessaire, par des moyens plus doux et plus convenables, que de vous laisser le soupçon de mon indifférence ou de mon refroidissement. Princesse, le bien essentiel de la vie est cette tranquillité d'âme qui naîtra du choix que nous aurons fait de notre sort, alors que nous en étions les maîtres. C'est à cette tranquillité future, quelque simple qu'elle paraisse, qu'il est important de sacrifier tous les attraits que le présent pourrait nous offrir. Il ne faut point qu'une erreur séduisante nous empêche de prévoir le jugement que nous pourrions porter sur nous-mêmes alors que nos yeux seraient dessillés. Sur cette idée, princesse, permettez-moi d'examiner et ma situation et la vôtre. Je commence par la mienne. J'étais revenu dans ma patrie avec le dessein de disputer le trône de Memphis aux enfants de Daluca, que j'avais laissés très-jeunes et que je soupçonnais d'être aussi méchants que leur mère. Je crois trouver dans l'alliance que m'offrait le roi votre père, un appui favorable à l'exécution de mon dessein quand il en serait temps. Spanius, par des motifs tout différents, demande pour moi le titre de Conservateur de l'Égypte. Tous les rois me l'accordent, ne pensant pas même qu'un titre purement honorifique fût suffisant pour rendre un homme sans naissance digne de la fille de Spanius. Ce titre cependant était incompatible avec celui de roi qui m'était destiné. Que faire alors? je ne pouvais vous épouser en demeurant roi de Memphis, par la résolution de Spanius de ne donner à sa fille aucun époux qui pût être roi par lui-même; je ne

puis en épouser aucune autre, d'après le serment que
je vous ai fait. Mon père, avant de me reconnaître et
de me céder sa couronne, m'avait confié la tutelle de
ses deux fils. Je trouve dans Béon un frère d'une
bonté et d'une douceur qui me répondent du bonheur de ses peuples. Je puis être moi-même plus
utile à toute l'Égypte comme Conservateur, qu'à
Memphis comme roi. Une dignité de choix et unique
dans le monde, me paraît plus précieuse qu'un droit
de naissance pour lequel j'ai tant d'égaux. J'ai donc
remis à mon frère un trône, où mon père m'avait
placé de son vivant même, quoiqu'il le lui destinât
après sa mort. Ah ! princesse, quelle estime conser-
veriez-vous pour moi, si, à la face de la terre, je
changeais des motifs si justes, et, je dois le dire, si
nobles, en celui de me conserver à vous ; si, de roi
régnant et de souverain de Memphis, je devenais
l'époux et le sujet de la princesse reine de Thanis ;
si enfin j'annulais en quelque sorte le don du trône
que j'ai fait à mon frère, par des enfants qui le dis-
puteraient un jour à ses successeurs ; en un mot, si,
ayant été moi-même Conservateur de l'Egypte, j'en
devenais le perturbateur par ma postérité. Et vous,
madame, n'auriez-vous rien à redouter d'un homme
à qui une réputation bien ou mal fondée donnerait

plus de crédit qu'il n'en demande, d'un homme qui
s'est vu roi sans votre concours, et qui aurait de plus
que vous le titre de Conservateur de l'Egypte, ou à
qui la qualité de votre époux ferait perdre ce titre, à
moins qu'il ne le soutînt par une guerre civile qui
conduirait peut-être votre royaume aux derniers
malheurs.

—Ah ! prince, interrompit vivement la princesse,
Zarite, la fille de Zoros, prince de Carthage, a été
moins malheureuse que moi… Et pourtant, je me
sens tout aussi capable que cette héroïne d'exposer
ma vie, si vous aviez besoin d'un pareil secours.

— Ah ! princesse, reprit Aménophis, si vous vous
rendez à mes raisons et à la nécessité même des con-
jonctures, vous serez bien supérieure à la princesse
Zarite. Car son courage n'a éclaté que pour suivre
un époux qu'elle aimait, tandis que le vôtre va paraître en renonçant à un homme qui vous chérit.
Son dévouement devait être connu du monde entier ;
je serai le seul témoin du vôtre. Votre sacrifice va
même passer le mien. Moi, du moins, j'aurai la consolation de ne laisser jamais entrer aucune femme
dans ma pensée. Mais vous, princesse, appelée bientôt
au rang suprême, votre condition exige de vous une
prompte union, et j'ose même dire que vous n'êtes

plus maîtresse de choisir. Un prince aimable, remplissant toutes les conditions que vous pouvez désirer, un prince qui a servi sous moi par vos ordres, qui a commandé pour moi à la bataille d'Utique, qui, par son adresse et son éloquence a conclu la paix entre les Carthaginois et les Tingitaniens, paix que je n'aurais peut-être obtenue que par la force des armes ; le prince Pemphos enfin, princesse, attend avec respect le terme des espérances que vous ne lui aviez pas défendu de concevoir, et qu'il nourrit depuis trois années.

— Ah ! grand Aménophis, s'écria la princesse en se levant, je cède à ce dernier trait d'héroïsme. Vous avez deux frères, nés d'une marâtre, qui a voulu vous faire perdre la vie ; vous cédez à l'un votre couronne, à l'autre la femme qui devait être votre épouse. Je suis trop glorieuse de la part que vous me faites prendre à l'accomplissement de vos projets généreux ; j'en suis trop glorieuse, dis-je, pour la refuser. J'accepte donc de votre main le prince Pemphos dont je connais tout le mérite, et il ne tiendra qu'à mon père de couronner sa persévérance. »

En ce moment, le roi, sortant de son conseil, venait retrouver sa fille et Aménophis dans les jardins. Une lettre qu'il avait reçue, séance tenante, des rois de Thèbes et de This , lui avait appris exactement tout ce qu'il pouvait savoir sur le prétendu Chérès.

— Ainsi donc, cher prince, dit Spanius, je vous estime trop ami du repos de votre patrie pour songer plus longtemps à une alliance, dont je m'étais flatté moi-même.

Aménophis dit en peu de mots à Spanius qu'il venait de s'expliquer à cet égard avec la princesse, dont il demanda la main aussitôt pour le prince Pemphos, au nom des rois Osoroth et Béon.

—Vous le voyez, mon père, dit la princesse Mnévie, Aménophis est un héros dans tous les genres.

Spanius acquiesça très-volontiers à la demande formulée par Aménophis. Celui-ci lui apprit que ce jeune prince se trouvait actuellement caché dans Thanis, attendant l'agrément du roi et de la princesse pour paraître devant eux. Aménophis envoya chercher Pemphos que cette alliance allait bientôt faire appeler le prince-roi. Il demeura encore trois jours entiers à Thanis pour régler avec le roi Spanius les articles du mariage.

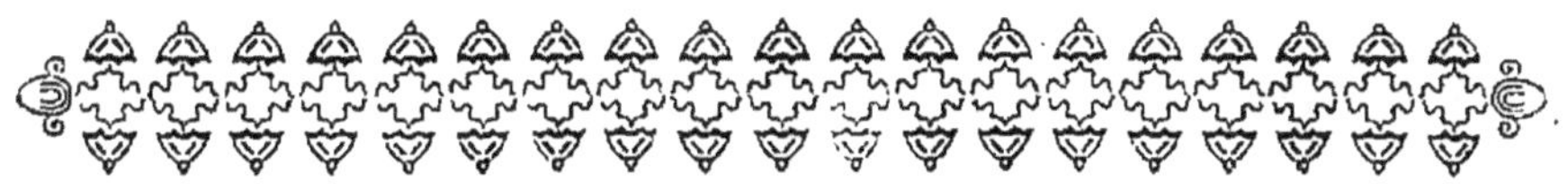

CHAPITRE XX.

AMÉNOPHIS retourna immédiatement à Memphis, ne jugeant pas nécessaire de continuer entre la princesse et lui des entrevues qui ne pouvaient être que fort pénibles pour tous deux. De retour dans le royaume de ses pères, il s'empressa de porter aux deux rois et même à la reine l'heureuse nouvelle de la conclusion définitive du mariage de Pemphos avec la princesse Mnévie.

— Tu fais le bonheur de ma vieillesse, disait Osoroth avec des transports de joie ; tu es le digne fils de ta vertueuse mère. C'est aux soins de Nephté, c'est à ceux du sage Amédès que je suis redevable de ce précieux trésor. Que les dieux soient loués de m'avoir fait le père d'Aménophis !

— Héroïque frère ! s'écriait à son tour le roi Béon en pressant Aménophis sur son cœur ; que je

suis heureux de te posséder. Tu mets tout ton bonheur à t'occuper uniquement du nôtre. Toute une
longue vie de dévouement et d'affection ne suffirait
pas à reconnaître tous tes généreux sacrifices.

Le mariage de Pemphos et de la princesse Mnévie fut célébré à Thanis avec une pompe sans égale
et des fêtes qui durèrent plusieurs jours. Béon et
son épouse s'y rendirent pour assister au bonheur de
leur frère. Quant à Aménophis, sa position l'en dispensait tout naturellement.

Un grand palais, voisin du temple, et qu'il avait
fait préparer avant son départ, devint sa résidence ha-
bituelle. C'est là qu'il fit loger les officiers et les do-
mestiques attachés à sa personne, sans oublier l'esclave
Azarès qui était totalement désabusé de son ambition. Le prince Conservateur s'y était réservé un
appartement convenable pour y recevoir, et même
pour y traiter avec une magnificence digne de son
rang les ambassadeurs qu'on pourrait lui envoyer
des cours voisines, et qui en effet lui furent souvent envoyés dans la suite. L'Égypte ne connut
plus le fléau des guerres étrangères pendant le
reste de sa vie, et ses fonctions de Conservateur le
portèrent à terminer plusieurs différends entre les
rois Égyptiens qui s'en rapportaient entièrement à

son arbitrage. Il reçut des ambassadeurs de plusieurs princes souverains des contrées éloignées ; celui de Phénicie, en reconnaissance des services signalés qu'il avait rendus au commerce de son peuple, vint le remercier en personne. Tels étaient les hommages unanimes qu'Aménophis recevait de toutes parts, et qu'il devait beaucoup moins, sans doute, à son titre de Conservateur qu'aux sublimes vertus qui le lui avaient mérité.

Cependant le roi Béon n'avait pas mis en oubli la promesse qu'il avait faite à son frère à l'égard d'Amédès. A peine de retour de Thanis, son premier soin avait été d'appeler à sa cour cet homme d'un si rare mérite. Celui-ci rapporta que le prince Zoros, à l'exemple d'Osoroth, avait cédé son pouvoir à son fils Giscon, et que le sénat de Carthage avait approuvé cette abdication avec de grands éloges pour le père et pour le fils ; qu'enfin la princesse Zarite, toujours plus respectée des siens, était encore devenue l'objet de l'admiration et de l'amour des Carthaginois.

Mais il serait difficile de peindre la joie d'Aménophis en revoyant son ancien gouverneur, l'homme à qui il devait toutes ses vertus. Le maître et l'élève se tinrent longtemps embrassés sans pouvoir proférer une seule parole. Enfin Amédès rompit le premier le silence, et dit avec émotion :

— Aménophis, cher prince, combien je me félicite d'avoir été l'humble instrument dont les dieux ont voulu se servir pour faire germer dans votre cœur les heureuses semences de vertus que votre excellente mère de pieuse mémoire y avait déposées avec un soin religieux !

— O mon second père, dit Aménophis, de grâce appelez-moi votre fils ! ne le suis-je pas véritablement ? N'est-ce pas vous qui m'avez engendré à la vie de l'âme ? N'est-ce pas vous qui avez guidé mes premiers pas, qui m'avez procuré l'inappréciable bienfait de l'initiation qui m'a fait ce que je suis ?

— O mon fils, reprit le vieillard, combien je suis fier de vous donner ce nom qui m'honore ! Vous avez su vaincre sur les champs de bataille, vous avez policé des peuples barbares, favorisé le commerce des nations, découvert des terres inconnues, porté partout la paix sur vos pas. Chacune de ces choses eût suffi pour faire la gloire d'un seul homme. Mais vous avez fait plus que tout cela. Vos deux dernières actions prouvent admirablement que vous savez vous vaincre vous-même, et je ne connais pas de plus belle victoire. Votre abdication en faveur du prince Béon, votre conduite peut-être plus généreuse encore à l'égard de votre jeune frère Pemphos, vous donnent des droits à l'admiration éternelle des hommes. Votre gloire m'apparaît mille fois plus brillante que celle du fameux Sésostris, que celle de tous les Pharaons ensemble.

— Mon père, répondit Aménophis, prenez garde que vos louanges ne me donnent de l'orgueil, vous qui vous êtes donné tant de peine à me garantir de cette terrible maladie de l'âme.

— Mon fils, reprit Amédès, vous êtes parvenu à un degré de force qui vous permet d'entendre sans danger les éloges sincères que vous avez mérités.

—Ces éloges me sont bien précieux sortant de votre bouche, cher Amédès, dit Aménophis; toutefois je crois n'avoir fait en toute chose que mon devoir.

— Eh! mon ami, le devoir accompli n'est-il pas le point sublime de la morale que nous enseignent les dieux? Heureux, mille fois heureux les mortels qui ont la force d'y atteindre, au prix de bien des travaux, de bien des dévouements et des sacrifices. Le devoir accompli est en maintes circonstances, ainsi que vous l'avez prouvé, le plus pur héroïsme.

— Mon père, dit Aménophis, maintenant que nous voilà réunis, nous ne nous séparerons plus. Votre demeure sera dans ce palais.....

— A moins, mon fils, que le salut de la patrie n'exige de moi de nouvelles courses lointaines, interrompit le sage Amédès.

— C'est bien ainsi que je l'entends aussi, reprit Amédès; nous nous devons jusqu'à notre dernier jour à la patrie qui nous a vus naître et qui nous a nourris. A toute heure, nous devons être prêts à verser notre sang pour elle, à marcher pour son service. Je me souviens encore des leçons que vous m'avez données.

— Aménophis, ajouta le vieillard, vous faites mieux que de vous en souvenir : vous les mettez en pratique; si vous le voulez donc, nous continuerons ensemble ce glorieux exercice.

Amédès ne consentit qu'à grand'peine à se charger de l'administration du royaume de Memphis. Ce fidèle serviteur de la reine Nephté consacra ses dernières années à faire le bonheur des peuples. Cette prospérité renaissante, fruit d'un gouvernement paternel, changea en peu de temps la face du royaume, si longtemps en proie à des intrigants égoïstes; Osoroth vécut assez pour voir l'aurore du règne de son fils. Il put en jouir, entouré des soins attentifs d'Aménophis et de Béon. Ses derniers jours furent paisibles, et il s'éteignit doucement avec l'intime et douce conviction d'avoir, au moins dans la personne de ses enfants, contribué à la félicité de ses peuples. S'il n'obtint pas, comme son épouse Nephté, les glorieux honneurs du Labyrinthe, du moins son nom, brillant du reflet de la gloire de ses fils, ne laissa aucune trace odieuse dans les souvenirs de ses sujets. Amédès, chargé d'ans et de travaux, ne lui survécut que peu de temps, et alla recevoir sa récompense dans le dernier séjour des âmes vertueuses.

Pour Aménophis, il se retira chez les prêtres, où le roi, son frère, venait le consulter presque tous les jours, dans un appartement extérieur, contigu à un autre plus petit et plus simple que le Conservateur occupait dans la maison sacerdotale, par un privilége commun à tous les initiés. Mais il ne se montra jamais en aucun autre endroit de la ville. C'était dans cet appartement qu'il donnait audience à ses concitoyens ; de même il passait dans son palais pour recevoir les ambassadeurs et autres étrangers, ne voulant réveiller dans l'esprit des peuples aucun souvenir qui pût faire quelque tort au roi régnant, et se montrant encore plus grand par sa retraite qu'il ne l'avait été par ses découvertes, par ses exploits et par son héroïsme.

FIN.